臺灣歷史與文化 研究輯刊

二 編

第 28 冊

日治時代日本人學習臺灣語的困境（下）

王森田 著

花木蘭文化出版社

國家圖書館出版品預行編目資料

日治時代日本人學習臺灣語的困境（下）／王森田 著 —— 初版
—— 新北市：花木蘭文化出版社，2013〔民 102〕
目 8+168 面：19×26 公分
（臺灣歷史與文化研究輯刊 二編；第 28 冊）
ISBN：978-986-322-252-1（精裝）
1. 臺語　2. 日語　3. 比較語言學
733.08　　　　　　　　　　　　　　　　　102002857

ISBN-978-986-322-252-1

9 789863 222521

臺灣歷史與文化研究輯刊
二　編　第二八冊　　　　　　ISBN：978-986-322-252-1

日治時代日本人學習臺灣語的困境（下）

作　　者　王森田
總 編 輯　杜潔祥
出　　版　花木蘭文化出版社
發 行 所　花木蘭文化出版社
發 行 人　高小娟
聯絡地址　235 新北市中和區中安街七二號十三樓
　　　　　電話：02-2923-1455／傳眞：02-2923-1452
網　　址　http://www.huamulan.tw 信箱 sut81518@gmail.com
印　　刷　普羅文化出版廣告事業
初　　版　2013 年 3 月
定　　價　二編 28 冊（精裝）新臺幣 56,000 元

日治時代日本人學習臺灣語的困境（下）

王森田　著

目

次

第四章　詞彙學習的困境

　　臺灣語的詞彙結構大致上分爲「單純詞」與「合成詞」兩大類，合成詞則較爲複雜，分爲「重疊詞」、「附加詞」、「複合詞」等。以「單純詞」而言，以一個音節最爲常用，這種單語音節語位如果能單獨使用，就可以成爲一個詞彙，名詞的部分例如「風」、「雨」、「田」等；動詞的部分例如「走」、「行」等；形容詞的部分例如「巧」、「水」、「閒」等。日本語也有許多單純詞的存在與用法，如前所述的名詞「風」字，日本語拼音爲「かぜ」，相當於羅馬拼音「kha-ze」，漢字也是「風」；「雨」字日本語拼音爲「あめ」，相當於羅馬拼音「a-me」漢字也是「雨」；「田」字日本語拼音爲「はたか」，相當於羅馬拼音「ha-tha-kha」，雖然漢字不同，寫成「畑か」的字樣，但是還不至於造成學習上的困境。形容詞「閒」這個漢字，日本語的書寫也是「閒」，拼音爲「ひま」，相當於羅馬拼音「hi-ma」。動詞「走」是「跑」的意思，古漢語也是同樣的用法，例如《史記・刺客列傳》：「秦王環柱而走。」古漢語的用法與現代華語的用法很不一樣，因此對於臺灣人而言，容易會造成字形與字義上的混淆，相反地，日本人至今依然保有古漢語的用法，因此反而不會對這個動詞產生混淆，因爲「跑」的意思在日本語的書寫也是「走る」，因漢字完全一樣，只是因爲動詞，所以多了一個「る」的字尾，絲毫不會構成學習上的困境，「走」字的日本語拼音爲「はしる」，相當於羅馬拼音「ha-si-ru」；至於「行」這個漢字就比較不一樣了，臺灣語「行」是「走路」的意思，日本語的書寫是「歩く」，拼音爲「あるく」，相當於羅馬拼音「a-lu-khu」，雖然字形與字音都不一樣，但是只要加以練習，就不至於造成學習上的困境。

　　至於臺灣語「合成詞」就複雜許多了，像「重疊詞」、「附加詞」、「複合

詞」等，這些構詞形式在日本語不一定都能得到對應的詞彙結構形式，對於日本人來說，由於臺灣語與日本語構詞的不同，自然會造成學習上的諸多困境。除此之外，日治時代為了讓學習臺灣語的日本人容易理解，在教科書中必須將臺灣語翻譯為日本語，在翻譯的過程中，由於對詞彙認知的不同，或是文化習慣的差異，也會產生意義不能完全相對應的情況，這也會造成學習上的困境。最後，由於臺灣語本身所使用的漢字就難以有定論，而且日本語的漢字與臺灣語的漢字，在意義與認知上也有一些差異性，因此有關「漢字選用」的問題，也是學習的困境之一。現在就將前面所敘述的各種學習困境，包括合成詞中的「重疊詞」、「附加詞」、「複合詞」、「翻譯的問題」、「漢字選用的問題」，在本章一一分節予以分析說明如下。

第一節　重疊詞

臺灣語重疊詞的形態，比較通行於日常會話中的，大致可分為「AA」、「AAA」、「AAB」、「ABB」、「AABB」、「ABAB」、「ABCB」、「ABAC」等形式結構。而日本語的詞彙結構中也有「疊語」（たたみご）的用法，但是無論在結構形式上，或是詞性的使用上，並不像臺灣語這麼多樣而豐富，因此日本人在學習臺灣語重疊詞的時候，由於自己的母語所缺乏的成分，或是與臺灣語不同的地方，自然會造成一些學習上的困境。分別說明如下：

一、「AA」式重疊詞

所謂「AA」式重疊詞，就是兩個相同的語素，重疊在一起所構成的詞彙，在詞性的使用上，可以當主詞用，也有動詞、形容詞、副詞等各種形態的分別，分別敘述如下：

（一）主　詞

臺灣語「AA」式重疊詞當主詞使用的例子有「儂儂」，日本語拼音為「ランイ-ランイ」，相當於臺灣語羅馬拼音發音「lâng-lâng」，表「人人」的意思，例如「儂儂攏愛伊」，表「每個人都喜歡他」的意思。日本語也有相同的「AA」式重疊詞當主詞使用的方式，但是通常在主詞重疊詞的後面，還要加上一個名詞來做補充說明，以前述的例句來說，「儂儂攏愛伊」的日本語是「人人はみな彼が好きです」，句中的「人人」是主詞重疊詞，而「みな」則是用來補

充說明前面主詞的名詞。另外，臺灣語「儂儂攏按呢講」，表「大家都這麼說」，日本語則是「人人は口々にそう言っている」，很顯然地，在主詞重疊詞「人人」的後面，也加上了一個「口々」的名詞，用來補充說明這個狀態是來自於前面的主詞「人人」的「口」中而來的。由此可見，日本語的詞彙結構中，雖然也有當主詞用的「AA」式重疊詞，而且在用法上也與臺灣語大同小異，但即使只是大同小異，在其差異之中，正是造成困境之所在。

（二）動　詞

臺灣語「AA」式重疊詞當動詞使用的例子有「撞撞」，強調「撞到」的動作與狀態，例如「撞撞破」，日本語發音為「ロン-ロン-ポア」，相當於臺灣語羅馬拼音「lòng-lòng-phòa」，表「將東西給撞破了」的意思。日本語的「AA」式重疊詞當中也有當形容動詞使用的形態，所謂「形容動詞」就是利用兩個形容詞組成「AA」式重疊詞，用來修飾動詞或動作之後的狀態，例如「紛粉」一詞，日本語發音為「こなごな」，相當於羅馬拼音「khoona-goona」，表「粉碎」的意思，例如「コップが紛粉に割れた」，表「杯子摔得粉碎」，其用法與臺灣語的不同處，是學習上必須克服的地方。

（三）形容詞

臺灣語「AA」式重疊詞當形容詞使用的例子有「濁濁」，形容水混濁的樣子，例如「溝仔水濁濁」，日本語發音為「カウ-ア-ツィ-ロヲ-ロヲ」，相當於臺灣語羅馬拼音「kau-á-chúi-lô-lô」，表「水溝的水混濁」的意思。廖淑鳳認為「AA」式形容詞重疊還可以在後面加一個「仔」〔註1〕字，例如「寬寬仔」、「戀戀仔」等，但是本文則將「AA＋仔」的詞彙形式列歸於「附加詞」一節，在探討「詞尾」的「仔」時做分析。反觀日本語有關的「AA」式重疊詞當中，很少有當形容詞使用的形態，也沒有例句中「濁濁」的用法，因此在學習上必須克服詞彙上的困難。

（四）副　詞

臺灣語「AA」式重疊詞當副詞使用的例子有「萬萬」，表「千萬」的意思，後面通常接否定句，例如「萬萬 m̄通做」，日本語的發音為「バヌ-バヌ-ム-タン-アヌ-ネエ-ソヲ」，相當於臺灣語羅馬拼音「bān-

〔註1〕 廖淑鳳〈台灣生動重疊詞的特別語型現象〉，載自《第一屆台灣語文研究及教學國際學術研討會》，靜宜大學台灣語文學會主辦，2004年5月。

ān-m̄-thang-án-ne-chò」，表「千萬不可以做這件事」的意思。日本語也有相同的「AA」式重疊詞當副詞使用的方式，但是並沒有前述例句「萬萬」的副詞用法，日本語的說法是「絕對に」的用法。日本語的「AA」式副詞重疊詞，例如「山山」，用來修飾動詞的狀態，例如「買いたいのは山山だが金がない」，表「十分想要買，但是沒有錢」的意思，「山山」用來修飾「買」這個動詞，強調「十分強烈的欲望」，與前述的「萬萬」用來強調「不可以做」的用法是一樣的，但是在詞彙運用上卻不一樣，因此容易造成造成混淆。

值得一提的是，「山山」這個「AA」式重疊詞，不僅可以當「副詞」使用，同時也可以當「主詞」使用，例如「秋になり、山山も色ずき始めた」，表「一到秋天，臺山就開使變黃了」的意思，「山山」重疊詞在這裏是屬於「臺山」的主詞用法，而臺灣語就沒有「山山」這樣的重疊詞當做主詞的用法。總而言之，日本語具有與臺灣語一樣的「AA」式重疊詞，多半使用於名詞上，例如「色色」〔註2〕（いろいろ）、「数数」（かずかず）「様様」〔註3〕（さまざま）、「其其」〔註4〕（それぞれ）、「時時」〔註5〕（ときとき）、「散散」〔註6〕（さまざま）、「元元」〔註7〕（もともと）……等。日本語在書寫重疊詞時，有兩種寫法，一種是和臺灣語一樣的重複兩個漢字；另一種是只寫前一個漢字，而後面的漢字則用「々」的重複符號來表示，例如「山々」、「色々」、「時々」等。在詞彙的運用上，日本語與臺灣語的重疊詞有其相同處、相似處與相異處，相較於西方國家完全沒有使用漢字的人，反而會造成另一種學習上的混淆與困境。

二、「AAA」式重疊詞

所謂「AAA」式重疊詞就是三個相同的詞相互重疊在一起所構成的詞彙，在詞性的使用上，只用於形容詞的形態，用來傳達程度很高的強調語。例如臺灣語「粉粉粉」，用來形容某個東西的質地十分粉嫩的模樣，例句「伊的面粉粉粉」，日本語發音為「イ-エ₵-ビイヌ-フヌ₵-フヌ₵-フヌ₵」，相當於臺灣

〔註2〕 日本語「色色」的發音是「iloo- iloo」；「数数」的發音是「khazu- khazu」，兩者都是指「各式各樣」的意思。
〔註3〕 日本語「様様」的發音是「sama-zama」，是指「各種」的意思。
〔註4〕 日本語「其其」的發音是「soole-zoole」，是指「各個」或「各自」的意思。
〔註5〕 日本語「時時」的發音是「tookhi- tookhi」，是指「有時候」的意思。
〔註6〕 日本語「散散」的發音是「san-zan」，是指「嚴重」的意思。
〔註7〕 日本語「元元」的發音是「moothoo- moothoo」，是指「本來」的意思。

語羅馬拼音「i-ê-bīn-hún-hún-hún」，表「他的臉蛋十分粉嫩」的意思。日本語的構詞中，並沒有「AAA」式重疊詞的用法，因此必須重新學習。

三、「AAB」式重疊詞

　　所謂「AAB」式重疊詞，就是兩個相同的詞相互重疊在一起，再加上一個動詞所構成的詞彙，前面的重疊詞用來強調後面那個動詞的狀態，在詞性的使用上，「AAB」的重疊詞形態通常用於動詞。例如臺灣語「丟丟去」〔註8〕，日本語發音為「ティウ-ティウ-キイ﹅」，相當於臺灣語羅馬拼音「tiu-tiu-khì」，表「離去很遠，鞭長莫及」的意思。日本語的構詞中，並沒有「AAB」式重疊詞的用法，因此必須克服學習上的不適應。

四、「ABB」式重疊詞

　　所謂「ABB」式重疊詞，就是一個形容詞再加上一組兩個相同的詞重疊在一起的詞所構成的詞彙，後面的重疊詞用來強調前面那個形容詞的狀態，在詞性的使用上，「ABB」重疊詞通常用於形容詞。例如臺灣語「冷支支」〔註9〕，日本語發音為「リエンᵍ-キイ-キイ」，相當於臺灣語羅馬拼音「léng-ki-ki」，形容「某物的溫度很冷」的樣子。

　　鄭縈認為「ABB」式重疊詞以四種「感覺詞」〔註10〕為多，包括視覺、味覺、觸覺、嗅覺等，主要功能是喚起聽話人或讀者的對某種象、某種情感的經驗的聯想。反觀在日本語的構詞中，並沒有「ABB」式重疊詞的用法，因此必須面對學習上的適應與困境。

五、「AABB」式重疊詞

　　所謂「AABB」式重疊詞，就是兩組重疊的詞並列在一起所構成的詞彙，在詞性的使用上，「AABB」的重疊詞形態多用於形容詞。例如臺灣語「挨挨陣陣」，日本語的發音對照為「エエ-エエ-ティヌ-ティヌ」，相當於臺灣語羅馬拼音「e-e-tīn-tīn」，形容「人潮洶湧」的樣子。日本語的「挨挨陣陣」說法

〔註8〕　臺灣語「丟丟」的漢字一般有人將它寫成「溜溜」的漢字，但依據吳金澤研
　　　　究，臺灣語的字源應該是「丟丟」的漢字。參考吳金澤《常用台語字源》，
　　　　臺北，前衛出版社，2005年2月。
〔註9〕　臺灣語「冷支支」有人寫成「冷枝枝」，依據吳金澤研究，臺灣語的字源應該
　　　　是「支支」的漢字。
〔註10〕　鄭縈〈閩南語形容詞重疊式的一些特點〉，載自《第一屆台灣語言國際研討會
　　　　論文集》，頁c9～01～13，國立台灣師範大學國文學系主辦。

有兩種，其中一種是屬於自己的構詞「凄い人出」，而另一種則是源自於中國語的構詞「人山人海」，至於「挨挨陣陣」的用法則沒有，因此日本語的構詞中，並沒有「AABB」式重疊詞的用法，因此會產生學習上的困境。

六、「ABAB」式重疊詞

所謂「ABAB」式重疊詞，其實是由「AB」複合形容詞重疊而來，幾乎所有的雙音節形容詞都可以使用這種重疊方式來構詞。例如將兩組「狡獪」的「AB」複合形容詞重疊在一起，就會產生「狡獪狡獪」的「ABAB」式重疊詞了，日本語發音為「カウ-クアイ-カウ-クアイ」，相當於臺灣語羅馬拼音「kāu-gòai- kāu-gòai」，形容「狡猾」的意思。又如將兩組「古意」的「AB」複合形容詞重疊在一起，也會產生「古意古意」的「ABAB」式重疊詞，日本語發音為「コオ-イ-コオ-イ」，相當於臺灣語羅馬拼音「kóo-ì-kóo-ì」，形容一個人「老實」的樣子。日本語的構詞中，並沒有「ABAB」式重疊詞的用法，很難從自我的詞彙結構中找到相應之處。

七、「ABCB」式重疊詞

所謂「ABCB」重疊詞，就是由三個不同的詞所組成，而第二與第四個詞是相同的，這種形態的重疊詞其實是一種不完全的重疊，由「ABC」的構詞，只重疊了第二個語位「B」，這種構詞形態通常「A」與「C」是並列詞，而「B」為修飾語，重疊之後分別用來傳達「B」與「C」的狀態，在詞性的使用上，大多用於形容詞。例如臺灣語「喙笑目笑」，日本語發音為「ツウィ-チイヲ-バク-チイヲ」，相當於臺灣語羅馬拼音「chùi-chiò-bàk-chiò」，形容一個人「眉開眼笑」的樣子。日本語的構詞中，並沒有「ABCB」式重疊詞的用法，當日本語要形容一個人十分愉悅而展現於面貌的笑顏，很難想像會透過「嘴巴」與「眼睛」來做敘述與強調，因此感受到學習臺灣語的不易。

八、「ABAC」式重疊詞

所謂「ABAC」重疊詞，就是由三個不同的詞所組成，而第一與第三個詞是相同的，這種形態的重疊詞也是一種不完全的重疊，由「ABC」的構詞，只重疊了第一個語位「A」，這種構詞形態通常「B」與「C」是並列詞，而「A」為修飾語，重疊之後分別用來修飾「B」與「C」的狀態。例如臺灣語「無聲無說」，日本語發音為「ボヲ-シア-ボヲ-スウエ」，相當於臺灣語羅馬

拼音「bô-siaⁿ-bô-seh」，形容「寂靜無聲」的意思。日本語的構詞中，並沒有「ABCB」式重疊詞的用法，相較於臺灣語重疊詞的多樣而豐富，一方面可能會感到學習上的樂趣，但另一方面也會因具有恐挑戰性而心生畏懼。總而言之，日本人在學習臺灣語時，由於兩種語言在詞彙結構上，雖然有其相同之處，但面對相似或相異之處，就難免會產生各種學習上的困境。

第二節　附加詞

臺灣語附加詞是指在詞根的實詞素之外，還附加了虛詞素的成分，它的構詞方式有兩種，如果是附加在詞根之前就是「詞頭」，若是附加於詞根之後則為「詞尾」。竺家寧稱這種附加詞形式為「詞綴造詞」〔註11〕，稱詞頭為「前綴」，而稱詞尾為「後綴」，他所說的漢語構詞形式，與本文所說臺灣語構詞形式，指的是同樣的結構形式。在日本語的構詞法中，似乎沒有「附加詞」的構詞用法，這也是造成學習困境的因素。分別敘述如下：

一、詞　頭

所謂「詞頭」，就是附加於詞根的開頭之處，例如「阿」、「細」、「老」字等。分述如下：

（一）阿

臺灣語以「阿」字的詞頭所構成的詞彙，使用於親屬稱謂或人名時，通常具有親暱的意味，現在依據師範學校《新選臺灣語教科書》〔註12〕所舉的例子列出表格說明如下：

表：4-2-1「阿」字詞頭附加詞舉例

人倫稱謂詞	日本語拼音符號	臺灣語拼音符號
阿公	ア-コン	a-koong；a-koong
阿媽	ア-マア／	a-ma2；a-má
阿母	ア-ブ／	a-bu2；a-bú
阿爸	ア-パ＼	a-pah8；a-pàh

〔註11〕 竺家寧《詞彙之旅》，臺北，正中書局股份有限公司，2009 年 12 月，頁 8。
〔註12〕 師範學校《新選臺灣語教科書》第一章「人倫稱呼例」，頁 25～26。

阿姨	アーイ	a-i5；a-î
阿姑	アーコオ	a-koo；a-koo
阿嬸	アーチム	a-chim2；a-chím
阿妗	アーキィム	a-kim7；a-kīm
阿姆	アーム	a-m2；a-ḿ
阿伯	アーペ	a-peh4；a-peh
阿舅	アークウ	a-ku7；a-kū
阿叔	アーチエク	a-chik4；a-chik
阿姉	アーチイ	a-chi2；a-chí
阿兄	アーヒィア	a-hiann；a-hiaⁿ

　　臺灣語的親屬稱謂詞，多在詞頭加了「阿」字，來傳達稱呼者與被稱呼者之間具有親暱的關係，古漢語也有相同的用法，例如《孔雀東南飛》:「阿母謂阿女」等。但是日本語的親屬稱謂詞並沒有附加「阿」字的習慣，因此會產生學習上的障礙。另外還有人名的稱呼，多半用於小名上，例如「阿英」、「阿明」、「阿勇」……等。至於「阿婆」這個詞彙，既不屬於親屬之間的人倫稱謂，又不是人名的稱呼，但在日常生活中經常被使用的詞彙，只要是年齡很大的女性，不論認識與否，都可以使用這個詞彙來稱呼對方，日本人看到「阿婆」這個詞彙時，可能會與自己的日本語「阿婆擦れ」（潑婦）產生混淆，與臺灣語的「阿婆」是不一樣的。

　　日本語的構詞也有使用「阿」字的詞頭，但並非用在人名的稱呼或是一般對人的稱呼，而是有另外的用法，而且多半是屬於名詞的形態，例如「阿古屋貝」（あこやがい）是指「珍珠貝」；「阿呆」〔註13〕（あほう）指「傻子」；「阿呆陀羅經」（あほだらきよ）指江戶時代模仿經文的訓讀所作的諷刺時事的民謠；「阿茶羅漬け」（あぐやらつけ）指酸辣蘿蔔鹹菜；「阿婆擦れ」（あばずれ）指潑婦；「阿多福」（あたふく）指「醜女」等。日本語的「阿」字詞頭構詞，通常指特有的事物或專有名詞，與臺灣語的用法不一樣，而且臺灣語的「阿」字詞頭的使用範圍又不只一個種類而已，因此會有學習上的難度。

〔註13〕日本語「阿呆」是關西方言，相當於「馬鹿」（ばか；ba-kha）的用法，經常使用於罵人的詞彙，但是在語氣上比「馬鹿」較爲婉轉。

（二）細

臺灣語以「細」字的詞頭所構成的詞彙，多半使用於年齡較輕或地位較低的'稱呼，用來表示親密的用語，依據師範學校《新選臺灣語教科書》[註14]所舉的例子列出表格說明如下：

表 4-2-2：「細」字詞頭附加詞舉例

漢　字	日本語拼音符號	臺灣語拼音符號
細姨	セ˥-ㄧˋ	se3-i5；sè-î
細嬋[註15]	セ˥-セㄢˋ	se3-sian7；sè-siān
細仙[註16]	セ˥-セㄢˋ	se3-sian1；sè-sian
細漢[註17]	セ˥-ㄏㄢˋ	se3-han3；sè-hàn

臺灣語「細姨」與前表人倫稱謂詞的「阿姨」是沒有關係的，所謂的「細姨」是指「小老婆」的意思，相當於日本語的「愛人」，雖然三種語言所表達出來的，是指同樣的事物與意義，但是三種語言之間卻有著不一樣的表達方式與詞彙認知。對日本人來說，當他們看到漢語「小老婆」的漢字時，首先會對「老婆」這個詞彙有感覺，因為日本的「老婆」就是「老婆婆」的意思，用來泛指所有年紀大的女性。

而當日本人看到臺灣語「細姨」這個漢字詞彙時，由於日本語也有「細い」的詞彙，用一個漢字再加上一個平假名，構成一個形容詞詞彙，因此他們對「細」這個漢字是有感覺的，再加上學習臺灣語時所學到的人倫稱謂「阿姨」，如此一來，可能會將「細長」或「細小」的印象與「阿姨」聯想在一起，但是無論怎麼想像，就是無法產生「小老婆」的意味，這樣的學習困境，是在日本人具有漢字素養的基礎之下，而產生的混淆情況。

（三）老

臺灣語以「老」字的詞頭所構成的詞彙，通常附加於姓或排行之前，而

[註14]　《新選臺灣語教科書》第一章「人倫稱呼例」，頁 25～26。

[註15]　臺灣語「細嬋」，是「連襟」的意思，指兩個男人的老婆是姐妹的關係，而這兩個男人的關係就是「細嬋」。

[註16]　臺灣語「細仙」，指的是「小體積的東西或物品」。

[註17]　臺灣語「細漢」，指的是「地位比較低的人」或是「年紀比較小的人」。也可以指「小時候」。

且在姓或排行之後必須再加上一個「e」音，例如附加於姓之前的「老王 e」、「老楊 e」；又如附加於排行之前的「老大 e」、「老細 e」等。另外還有「老實」、「老人」、「老阿婆」等詞彙用法，現在依據師範學校教科書所舉的例詞列表說明如下：

表 4-2-3：「老」字詞頭附加詞舉例

漢字	日本語拼音符號	臺灣語拼音符號
老王 e	ラウ｜.オンエ	lau7-oong5；lāu-ôong
老楊 e	ラウ｜.ィウエ	lau7-iunn5 ；lāu-iûⁿ
老大 e	ラウ｜.ドア｜	lau7-tua7；lāu-tūa
老細 e	ラウ｜.セ〳	lau7-se3；lāu-sè
老實	ラウ｜.シッ〵	lau7-sit8；lāu-sit

　　除了臺灣語有用「老」字的詞頭來構造詞彙的用法之外，漢語也有同樣的構詞方式，依據竺家寧的研究指出，「老」〔註18〕字是漢語中歷史最悠久的前綴詞，早在六朝時，南朝人把北人叫做「老傖」；而把吝嗇的人叫做「老慳」；到了宋代，「老」字的前綴更加豐富，例如蘇東坡的詩就用到了「老瞞」、「老韶」、「老可」等詞語。時至今日，有關「老」字的前綴詞，還不斷地增生新詞，例如「老兄」、「老師」⋯⋯等。

　　大概是受到漢語的影響，既然「老」字是漢語中歷史最悠久的前綴詞，那麼日本接受漢語文化的薰陶，在日本語的構詞中，有關「老」這個詞頭的詞彙，真是多得難以計算，與漢語一樣的詞彙有「老兄」、「老兵」、「老朽」、「老大」、「老爺」等。日本語「老」的詞頭用語，與臺灣語不同用法的詞彙則不計其數，而與臺灣語一樣的詞彙大約有「老實」〔註19〕一詞，日本語有關「老」的詞頭用語，儘管漢字表面所呈現出來的字形，與臺灣語完全相同，但是在用法或是意義上，則有一些差異性的存在，即造成學習上的困境所在。

〔註18〕竺家寧《詞彙之旅》，頁 9。

〔註19〕臺灣語詞頭附加詞還有「第」、「以」等字，本文之所以沒有舉例分析的原因是，這三個字做為詞頭的構詞法，在日本語都可以找到相對應的構詞法，例如「第一」、「以上」等，因此並不會造成學習上的困境。

二、詞　尾

臺灣語的「詞尾」構詞方法，就是將虛詞素附加於詞根的結尾之處，常用的詞尾構詞，例如「仔」字與「頭」字，現在分別敘述如下：

（一）仔

臺灣語以「仔」字的詞尾所構成的詞彙，在詞法上有多種變化形式與功用，例如有「轉換意義」、「轉換詞類」、「附加其他詞尾」等形式與功用。分別說明如下：

1. 轉換意義的功用

詞尾「仔」本身並不具任何意義，但是當它成為詞尾時，有時可以轉換原來詞彙的意義，現在依據師範學校教科書的例子列表說明如下：

表 4-2-4：詞尾「仔」轉換意義舉例

漢　字	轉換意義	日本語拼音符號	臺灣語拼音符號
米：米仔	爆米花	ビ✔-ア✔	bi2-a2；bí-á
糖：糖仔	糖果	テンˇ-ア✔	thng5-a2；thﬁg-á
霜：霜仔	刨冰	スンb-ア✔	sng-a2；sng-á
車：車仔	裁縫車	チア-ア✔	chhia-a2；chhia-á
會：會仔	互助會	フエ|-ア✔	hue7-a2；hūe-á

例字「米」附加詞尾「仔」，成為「米仔」之後，就從原來的米義，轉換成「爆米花」的意義了；「糖」附加詞尾「仔」，成為「糖仔」之後，就從原來的糖義，轉換成「糖果」的意義了；「霜」附加詞尾「仔」，成為「霜仔」之後，就從原來的霜義，轉換成「刨冰」的意義了；「車」附加詞尾「仔」，成為「車仔」之後，就從原來的車義，轉換成「裁縫車」的意義了；「會」附加詞尾「仔」，成為「會仔」之後，就從原來的米義，轉換成「互助會」的意義了。日本語的詞彙結構中，並沒有這樣的用法與功能，因此在學習「仔」詞尾的種種變化時，將會倍感吃力。

一般而言，要成為詞綴的條件有二，首先是詞彙本身的意義虛化，也就是原來的意義消失了，例如「老」字當詞綴使用時，已不再具有年齡的意義了。其次，具有構詞能力，當它與兩個以上的詞根結合時，就會構成一個新

詞，並且產生了新的意義。若以詞綴的第二個條件構詞能力而言，上述轉換意義的功用是本來就具有的。

2. 轉換詞類的功用

詞尾「仔」具有轉換詞類的功用，例如原本是動詞的詞彙，附加「仔」詞尾之後，將詞類轉換成名詞；原本是形容詞的詞彙，附加「仔」詞尾之後，將詞類轉換成名詞等，現在依據師範學校教科書的例子列表說明如下：

表 4-2-5：詞尾「仔」轉換詞類舉例

漢　字	轉換詞類	日本語拼音符號	臺灣語拼音符號
塞：塞仔	動詞：名詞	タッ￣ーア	that8-a2；thàt-á
刺：刺仔	動詞：名詞	チイ－ア	chhi3-a2；chhì-á
圓：圓仔	形容詞：名詞	イ￨-ア	inn5-a2；îⁿ-á
崎：崎仔	形容詞：名詞	キイア￨-ア	kia7-a2；kiā-á
慢慢：慢慢仔	形容詞：副詞	バヌ￨-バヌ￨-ア	ban7-ban7-a2；bān-bān-á
笑笑：笑笑仔	動詞：副詞	チヲ￨-チヲ￨-ア	chhio3-chhio3-a2；chhiò-chhiò-á

例字「塞」附加詞尾「仔」，成為「塞仔」之後，就從原來的動詞，轉換成名詞，指「堵塞東西的塞子」；「刺」附加詞尾「仔」，成為「刺仔」之後，也從原來的動詞，轉換成名詞，指一種「有刺的植物」；「圓」附加詞尾「仔」，成為「圓仔」之後，就從原來的形容詞，轉換成名詞，指「湯圓」；「崎」附加詞尾「仔」，成為「崎仔」之後，就從原來的形容詞，轉換成名詞，指「斜坡道」；「慢慢」附加詞尾「仔」，成為「慢慢仔」之後，就從原來的重疊形容詞，轉換成副詞，指「慢慢地」；「笑笑」附加詞尾「仔」，成為「笑笑仔」之後，就從原來的重疊動詞，轉換成副詞，指「微笑地」。連金發認為由重疊形容詞與重疊動詞派生出來的副詞是最有「孳生力」〔註20〕的，的確，在臺灣語日常會話中，出現了許多這類的詞彙，由重疊形容詞派生出來的副詞詞彙如「逗逗仔」、「晚晚仔」、「早早仔」等；由重疊動詞派生出來的副詞詞彙如「逝逝去仔」、「拖拖走仔」等，轉換詞類的功用十分豐富。

〔註20〕 連金發「台灣閩南語詞綴『仔』的研究」，載自黃宣範編《第二屆台灣語言國際研討會論文選集》，文鶴出版有限公司，1998 年 8 月。

　　以上所述的詞彙例子，附加詞尾「仔」之後，就有轉換詞類的功用，這種轉換詞類的功用，在日本語其實也有，但是構詞法不一樣，例如名詞詞尾附加「る」字，就轉換成動詞，像「考え」是表「想法」的名詞，而「考える」就轉換成表「想」的動詞了；又如名詞詞尾附加「な」字，就轉換成形容詞，像「山々」是表「羣山」的名詞，而「山々な」就轉換成表「很多的」形容詞了……等。日本語的這些詞類或意義的轉換，雖然有其一定的語法規則，但是與臺灣語的「詞尾」形式是完全不同的。

　　3. 附加其他詞尾形式

　　詞尾「仔」也可以與其他的詞尾結合，成爲一個習慣用詞，現在依據師範學校教科書的例子列表說明如下：

表 4-2-6：詞尾「仔」附加其他詞尾形式舉例

附加類型	漢　字	日本語拼音符號	臺灣語拼音符號
詞根＋仔＋儂	囡仔儂	ギィヌ∕-ア∕-ランペ	gin2-a2-lang5； gín-á-lâng
詞根＋仔＋頭	尪仔頭	アン-ア∕-タアウぐ	ang-a2-thau5； ang-á-thâu
詞根＋頭＋仔	椅頭仔	イ∕-タアウぐ-ア∕	i2-thau5-a2； í-thâu-á
詞根＋仔＋囝	囡仔囝	ギィヌ∕-ア∕-キア6	gin2-a2-giann2； gín-á-gián
	母仔囝	ブ∕-ア∕-キア6	bu2-a2-giann2； bú-á-gián
	豬仔囝	ディ-ア∕-キア6	ti-a2-giann2； ti-á-gián

　　例詞「囡仔儂」與「囡仔」是一樣的意思，同樣用來表示「小孩」，但是加上「儂」字之後，會比較傾向於說教的形式；「尪仔頭」有兩個詞尾附加詞，分別是「仔」與「頭」，兩種詞彙都可以用來表示「肖像」，但是當說成「尪仔頭」時，還有另一層含意，用來表示「好看的面貌」之意；「母仔囝」〔註21〕與「豬仔囝」兩個詞彙都具有兩個詞尾附加詞，分別是「仔」與

〔註21〕　「囝」也是詞尾附加詞之一，本節之所以沒有另立條目子以介紹說明，是因爲它經常與「仔」字詞尾連用，因此已在「仔」詞尾一條附帶說明，不再贅述。

「囝」，但是詞義卻很不一樣，「母仔囝」是指「母親與孩子」，而「豬仔囝」並非「母豬與豬孩子」之意，而是「小豬」的意思。

由此可見臺灣語「仔」詞尾具有各式各樣的功能性，依據連金發的研究，詞尾「仔」有「多重來源」〔註22〕，其中包括「囝」字，假設「仔」的字源真的與「囝」字有關的話，那麼上述臺灣語「囡仔囝」、「母仔囝」、「豬仔囝」等常用詞彙中，將「仔」與「囝」兩個詞尾串聯在一起，應該是有其歷史淵源的。臺灣語詞尾「仔」字的豐富功能性，不要說日本人是外國民族了，即使是臺灣人也有弄不清楚的時候。

（二）頭

「頭」字看起來好像是屬於詞根的實詞素，但是在臺灣語的詞彙中，尤其是日常會話，經常以它來做為附加詞詞尾，現在就依據師範學校教科書的例子列表說明如下：

表 4-2-7：詞尾「頭」附加詞舉例

漢　字	日本語拼音符號	臺灣語拼音符號
日頭	ジツ﹨-タアウ ᒪ	zit8-thau5；zit-thâu
後頭	アウ│-タアウ ᒪ	au7-thau5；āu-thâu
車頭	チイア-タアウ ᒪ	chhia-thau5；chhia-thâu
角頭	カアク┃-タアウ ᒪ	kak4-thau5；kak-thâu
石頭	チイヲ﹨-タアウ ᒪ	chio8-thau5；chio8-thau5

以「頭」字的詞尾所構成的詞彙，可以附加於普通名詞的後方，例如「日頭」是指「太陽」的意思；「車頭」是指「車站」的意思；「角頭」是指「地盤」的意思。另外，「頭」字詞尾也可以附加於「方位詞」的後方，例如「後頭」是指「娘家」的意思。

綜觀以上有關臺灣語「附加詞」的詞彙構造，除了最常用的「詞頭」、「詞尾」的構詞法之外，還有「詞中」，也就是「中綴」的用法，例如前文所舉的「囡仔囝」、「母仔囝」、「豬仔囝」，詞尾附加詞「仔」字，前文將這種構詞法

〔註22〕詞尾「仔」的「多重來源」包括「囝」、「也」、「如」、「旦」、「合」等字。資料可以參見連金發「台灣閩南語詞綴『仔』的研究」，載自黃宣範編《第二屆台灣語言國際研討會論文選集》，頁 466～467。

解釋爲與其他詞尾附加詞「囝」的並用，其實也可以將它看成是「中綴詞」的構詞法。由此可見，臺灣語的附加詞，不僅構詞豐富，而且變化多端，將是日本人在學習上的一大負擔。

第三節　複合詞

　　臺灣語合成詞中的「複合詞」，由於複合詞的組成成分，與句法結構一樣，因此包括有「主謂式複合詞」、「並列式複合詞」、「偏正式複合詞」、「述賓式複合詞」、「述補式複合詞」等幾種類型。現在就將這些複合詞的結構，分別說明如下：

一、主謂式複合詞

　　所謂「主謂式複合詞」就是由「主語」與「謂語」所組成的詞彙，一般有名詞、動詞、形容詞的類別。現在依據臺灣總督府《臺灣語教科書》所舉的例子列出表格說明如下：

（一）名　詞

表 4-3-1：主謂式複合詞舉例（名詞）

【漢字】永擺地動眞嚴重
【日譯】前回地震とても深刻でした
【中譯】上次的地震很嚴重
【日音】イン／-パイ／-テ｜-タン｜-チヌ-ギアムイ-ツィオン｜
【羅音】ing2-pai2-te7-tang7-chin7-giam5-tiong7；íng-pái-tē-tāng-chīn-giâm-tiōng

　　首先依結構描述法來判斷「永擺」的漢字字源，也就是表「上次」的意思，臺灣語除了有「永擺」（ing2-pai2）的說法之外，還可以說成「彼擺」，發音爲「hit4-pai2」，或是「彼垓」，發音爲「hit4-kai2」。有些學者將漢字寫成「那次」，以音韻而言，「那」字應該發「na」的音，不應該是發成「hit4」的音；而「次」字則發「chhu」的音，不可能是發成「kai2」或「pai2」的音。因此還是主張使用「永擺」、「彼擺」或「彼垓」較恰當。

　　例句「永擺地動眞嚴重」的「地動」就是「主語」與「謂語」所組成的名詞複合詞，「地」是主語，而「動」是謂語，構成複合詞之後，可以當做名

詞，也可以當做動詞使用。上述例句是當名詞來用，如果說成「今年攏唔捌地動過」，意思是「今年都沒有過地震」，這時的「地震」就是當做動詞使用。日本語將「地動」說成「地震」，發音爲「じしん」，相當於羅馬拼音「zi-sin」，詞彙結構也是主語加上名詞謂語的方式，雖然漢字與臺灣語不同，但是不會造成任何學習困境。

　　另外，臺灣語「風颱」，或寫成「風篩」，發音爲「hoong-thai」，也是名詞性複合詞，日本語則爲「台風」，發音爲「たいふう」，相當於羅馬拼音「thai-hu」，詞彙結構是先「謂語」後「主語」的形式，與臺灣語的詞彙結構恰恰相反。前述的日本語「地震」是先主語後謂語，而同樣的日本語「台風」卻是先謂語後主語，因此在對應臺灣語做練習時，可能在學習上會有一些混淆的情形產生。

　　（二）動　詞

表 4-3-2：主謂式複合詞舉例（動詞）

【漢字】伊親像眞唔情願
【日譯】彼はほしくなさそうです
【中譯】他好像很不願意的樣子
【日音】イ-チ・ヌ-チイウ-チヌ-ム-チンイ-ゴアヌ
【羅音】i-chhin-chhiunn7-chin-m7-ching5-guan7；i-chhin-chhiūⁿ-chin-m̄-chîng-gūan

　　例句「伊親像眞唔情願」的「情願」就是「主語」與「謂語」所組成的動詞複合詞，加上否定詞「唔」，用來表達「不願意做某事」的意志狀態，另外如「喙焦」，發音爲「chhui3-ta；chhùi-ta」，表示「口渴」的意思，還有上述「地動」與「風篩」等，都是屬於動詞複合詞。臺灣語「唔情願」相當於日本語「ほしくない」（不想）或「したくない」（不願意做）的用法，日本語在這裏並非使用主語加謂語的詞彙結構法，因此兩種語言在對應使用上，可能會有一些技術層面需要加以克服。

　　（三）形容詞

表 4-3-3：主謂式複合詞舉例（形容詞）

【漢字】彼個人眞面熟

【日譯】	あの人はそうです
【中譯】	那個人好像似曾相識
【日音】	ヒッ-エ-ラン-チヌ-ビィヌ-シィク
【羅音】	hit4-e5-lang5-chin-bin7-sik8；hit-ê-lâng-chin-bīn-sik

　　例句「彼個人眞面熟」〔註23〕的「面熟」，就是「主語」與「謂語」所組
成的形容詞複合詞，用來形容對方的面貌好像「似曾相識」的樣子，日本語
用來判斷形容詞的構詞方法有兩種，一種是「い」形容詞，例如「美味しい」、
「楽しい」、「苦しい」等；另一種是「な」形容詞，例如「綺麗な」、「大切
な」、「素敵な」等。其中並沒有「主語」與「謂語」所組成的形容詞複合詞，
因此在學習上應該會有一些困境。

二、並列式複合詞

　　所謂「並列式複合詞」，是由兩個以上同詞性的語素並列構成，它們之間
的關係是並列的，而次序是不能前後顛倒的。並列式複合詞通常有名詞、動
詞、形容詞、副詞等，若是依並列的兩個詞之間的意義關係來看，大致上可
分爲「同義」、「反義」、「相關義」等，現在依據臺灣總督府《臺灣語教科書》
所舉的例子列出表格說明如下：

（一）同義並列式複合詞

表4-3-4：並列式複合詞舉例（同義）

名詞並列	動詞並列	形容詞並列	副詞並列
兄哥	疼痛	勇健	顛倒
腹肚	使弄	燒熱	攏總
山坪	喝咻	軟軟	的確

　　上表所列的並列式複合詞都是屬於兩個同義詞所構成的詞彙，以名詞並
列而言，「兄哥」的日本語發音是「ヒアb-コヲ」，相當於臺灣語羅馬拼音
「hiann-ko；hiaⁿ-k」o，表「大哥」的意思；「腹肚」的日本語發音是「パク-
ドオ」，相當於臺灣語羅馬拼音「pak4-doo2；pak-dóo」，表「肚子」的意思；

〔註23〕　臺灣語「彼個」，有些學者寫成「那個」，這應該是受到華語的影響，依據音
　　　　韻來判斷，「那」應該發做「na」的音，與臺灣語的「hit」，無論在聲母、韻
　　　　母、聲調上都不一樣，應該是一種錯誤的寫法。

「山坪」的日本語發音是「スア♭-ピイア◢」，相當於臺灣語羅馬拼音「suann-phiann5；suaⁿ-phiâⁿ」，表「山嶺」的意思。以動詞並列而言，「疼痛」的日本語發音是「ッ・ィア◝-タ・ン◝」，相當於臺灣語羅馬拼音「thiann3-thang3；thiàⁿ-thàng」，表「愛惜」的意思；「使弄」的日本語發音是「サイ◢-ロン◝」，相當於臺灣語羅馬拼音「sai2-long7；sái-lōng」，表「挑撥」的意思；「喝咻」的日本語發音是「フア◝-ヒウ」，相當於臺灣語羅馬拼音「hua3-hiu；hùa-hi」u，表「愛惜」的意思。以形容詞並列而言，「勇健」的日本語發音是「イオン◢-キイア◝」，相當於臺灣語羅馬拼音「iong2-kiann7；ióng-kiāⁿ」，表「健壯」的意思；「燒熱」的日本語發音是「シヲ-ズウア◥」，相當於臺灣語羅馬拼音「sio-zuah8；sio-zùah」，表「氣溫高」的意思；「軟軟」的日本語發音是「ヌ◢-ルアヌ◢」，相當於臺灣語羅馬拼音「nng2-luan2；nńg-lúan」，表「柔軟」的意思。以副詞並列而言，「顛倒」的日本語發音是「デヌ-ドヲ◢」，相當於臺灣語羅馬拼音「tian-to2；tian-tó」，表「反而」的意思；「攏總」的日本語發音是「ロン◢-ソン◢」，相當於臺灣語羅馬拼音「long2-chong2；lóng-chóng」，表「全部」的意思；「的確」的日本語發音是「ツィク◝-カ・ク◥」，相當於臺灣語羅馬拼音「tik4-khak4；tik-khak」，通常與否定詞「無」連用，「無的確」表「說不定」的意思。

日本語也有並列式複合詞的用法，但多使用於名詞，例如「馬鹿」，日本語發音爲「ばか」，相當於臺灣語羅馬拼音「ba-kha」，將「馬」與「鹿」兩個同樣是動物的名詞，並列組成一個詞彙，用來表「傻瓜」的意思，經常使用於罵人的詞彙。其餘的像動詞、形容詞、副詞等並列式複合詞的用法則較爲罕見，必須重新適應學習。

（二）反義並列式複合詞

表 4-3-5：並列式複合詞舉例（反義）

名詞並列	動詞並列	形容詞並列	副詞並列
公媽	出入	鹹淨	早慢
輕重	來去		加減
鹹酸甜	來往		烏白

上表所列的並列式複合詞都是屬於兩個反義詞所構成的詞彙，以名詞並

列而言，「公媽」的日本語發音是「コンㆴ-マア╱」，相當於臺灣語羅馬拼音「kong-ma2；kong-má」，表「祖先」的意思；「輕重」的日本語發音是「キ・ㄨㆴ-ダンｌ」，相當於臺灣語羅馬拼音「khin-dang7；khin-dāng」，表「事情的嚴重性與本末順序」的意思；「鹹酸甜」的日本語發音是「キィアムㆴ-スンㆴ-ツィㆴ」，相當於臺灣語羅馬拼音「kiam5-sng-tinn；kiâm-sng-tiⁿ」，表「蜜餞」的意思。以動詞並列而言，「出入」的日本語發音是「ツ・ウッｌ-ジプ╲」，相當於臺灣語羅馬拼音「chhut4-zip8；chhut-zip」，表「出入口」的意思；「來去」的日本語發音是「ライㄍ-キイ╲」，相當於臺灣語羅馬拼音「lai5-khi3；lâi-khì」，表「離去」的意思；「來往」的日本語發音是「ライㄍ-オン╱」，相當於臺灣語羅馬拼音「lai5-ong2；lâi-óng」，表「交往」的意思。以形容詞並列而言，「鹹淨」的日本語發音是「キアムㆴ-シィアㆶ」，相當於臺灣語羅馬拼音「kiam5-chiann2；kiâm-chiáⁿ」，表「食物的鹹淡度」的意思。以副詞並列而言，「早慢」的日本語發音是「サア╱-バㄇ丨」，相當於臺灣語羅馬拼音「cha2-ban7；chá-bān」，表「早晚」的意思；「加減」的日本語發音是「ケ-キアム╱」，相當於臺灣語羅馬拼音「ke-kiam2；ke-kiám」，表「多多少少」的意思；「烏白」的日本語發音是「オｌ-ベエ╲」，相當於臺灣語羅馬拼音「oo-peh8；oo-pėh」，表「胡亂」的意思。

　　上列表格中的詞彙例子，將日本語與臺灣語相互對應比較來看，屬於名詞的反義並列詞，例如「親子」，日本語發音為「おやこ」，相當於羅馬拼音「ooia-khoo」，「親」是「父親」或「母親」，「子」是孩子，「親子」就是表「父子」或「母子」的意思，因此日本料理「親子丼」就是「……肉蓋飯」，飯裏的肉代表「親」，而蛋則代表「子」的意思。另外雖然也有像「父母」等反義並列詞，但是將「公」與「媽」並列而為「祖先」之意的詞彙，則是臺灣語獨有的特殊構詞。

　　另外，臺灣語反義並列詞彙「出入」，表「出入口」的意思，日本語也可以找到相對應的詞彙「出入り」，但是在形式上有一些變化，也就是在反義並列詞「出」與「入」的後方再加上一個平假名「り」。還有臺灣語反義並列詞彙「來往」，反義並列詞「來」與「往」構成一個詞彙，表「交往」的意思，日本語也可以找到相對應的詞彙「往復」，日本語拼音為「おうふく」，相當於羅馬拼音「oo-hukhu」，表「來回」的意思，因此來回車票叫「往復切符」，貼有回郵的明信片叫「往復葉書」。雖然日本語有「往復」的反義並列詞，但

是它還是以字面上的意義爲意義，不像臺灣語變成另一種專有的意義。

（三）相關義並列式複合詞

表 4-3-6：並列式複合詞舉例（相關義）

名詞並列	動詞並列	形容詞並列	副詞並列
風水	拍拚	鬧熱	千萬
心肝	走跳	笑詼	
運命	行踏	戇直	

上表所列的並列式複合詞都是屬於兩個反義詞所構成的詞彙，以名詞並列而言，「風水」的日本語發音是「ホン-スイ」，相當於臺灣語羅馬拼音「hoong-sui2；hoong-súi」，表「房屋座落的地理方位」的意思；「心肝」的日本語發音是「シィム-コア」，相當於臺灣語羅馬拼音「sim-kuann；sim-k」uaⁿ，通常接「好」或「醜」的詞彙，表「心腸好壞」的意思；「運命」的日本語發音是「ウヌ-ミア」，相當於臺灣語羅馬拼音「un7-miann7；ūn-miāⁿ」，表「命運」的意思。以動詞並列而言，「拍拚」的日本語發音是「パア-ピイア」，相當於臺灣語羅馬拼音「phah4-piann3；phah-piàⁿ」，表「努力拚命」的意思；「走跳」的日本語發音是「サアウ-テ・アウ」，相當於臺灣語羅馬拼音「chau2-thiau3；cháu-thiàu」，表「在江湖或職場上往來做事」的意思；「行踏」的日本語發音是「キアィ-タ」，相當於臺灣語羅馬拼音「kiann5-tah8；kiâⁿ-tȧh」，表「行走」的意思。以形容詞並列而言，「鬧熱」的日本語發音是「ラウ-ゼッ」，相當於臺灣語羅馬拼音「lau7-jiat8；lāu-jiȧt」，表「熱鬧」的意思；「笑詼」的日本語發音是「チ・ィヲ-ク・エ」，相當於臺灣語羅馬拼音「chhio3-khue；chhiò-kh」ue，表「詼諧」的意思；「戇直」的日本語發音是「ゴン-ティッ」，相當於臺灣語羅馬拼音「goong7-tit8；gōong-tit」，表「戇厚率直」的意思。以副詞並列而言，「千萬」的日本語發音是「セ・ヌ-バヌ」，相當於臺灣語羅馬拼音「chhian-ban7；chhian-bān」，表「一定」的意思。

日本語長期受到漢語文字與文化的影響，上列表格中的相關義並列詞，有一些在日本語中也可以找到相對應的詞彙，例如「風水」一詞，日本語發音爲「ふうすい」，相當於羅馬拼音「hu-si」；「運命」一詞，日本語發音爲「う

んめい」，相當於羅馬拼音「un-mei」，雖然發音不一樣，但是無論是漢字或意義都是一樣的用法，而「千萬」一詞的漢字則是「千万」，意義是指「非常」或「十分」的意思。

三、偏正式複合詞

　　所謂「偏正式複合詞」就是在一個複合詞當中，有一個是「中心詞」，而另一個是中心詞的「修飾語」，而其中心詞大致可分為名詞、動詞、形容詞等。現在依據臺灣總督府《臺灣語教科書》所舉的例子列出表格說明如下：

　　（一）以名詞為中心詞的偏正式複合詞

表 4-3-7：偏正式複合詞舉例

漢　字	意　義	日本語發音	臺灣語發音
目鏡	眼鏡	バアク-キイア	bak8-kiann3；bàk-kiàⁿ
電火	電燈	テエヌ-フエ	tian7-hue2；tiān-húe
草地	鄉下	ザ・アウ-テエ	chhau2-te7；chháu-tē

　　表中所列的以名詞為中心詞的偏正式複合詞，在日本語中也可以找到相對應的詞彙，例如「目鏡」的日本語是「目がね」，同時受到漢語的影響，也使用漢字「眼鏡」最近也有人寫成「目鏡」，日本語發音為「めがね」，相當於羅馬拼音「me-ga-ne」因此可以透過與母語的對照而輕鬆習得。

　　（二）以動詞為中心詞的偏正式複合詞

表 4-3-8：偏正式複合詞舉例

漢　字	意　義	日本語發音	臺灣語發音
開講	聊天	カ・イ-カアン	khai-kang2；khai-káng
趁食	糊口	タ・ヌ-チイア	than3-chiah8；thàn-chiàh
拍算	打算	パア-スン	phah4-seng3；phah-sèng

　　臺灣語以動詞為中心詞的偏正式複合詞「拍算」，「中心詞」為動詞「算」，

而「打」也是動詞，用來加強說明「打算」的意義，因此漢語稱之爲「打算」。無獨有偶地，日本語也叫「打算」，日本語發音爲「ださん」，相當於羅馬拼音的「ta-san」，因此只要稍加比對就可以習得。

（三）以形容詞為中心詞的偏正式複合詞

表 4-3-9：偏正式複合詞舉例

漢　字	意　義	日本語發音	臺灣語發音
臭老	老氣	ツ・アウ-ラウ	chhau3-lau7；chhàu-lāu
粗俗	俗氣	ワ・オ-シオク	chhoo-siook8；chhoo-siòk
通光	靈光	タ・ン-コン	thang-keng；thang-keng

臺灣語偏正式複合詞「臭老」一詞，是以「老」這個形容詞爲中心詞，而「臭」也是形容詞，用來加強「老」這個狀態，因此「臭老」就是形容一個人的外觀、衣服、裝飾等，另人覺得很「老氣」，而與實際年齡無關。與這個詞彙相對應的日本語是「年寄り臭い」，「年寄り」是「年老」的意思，而「臭い」就是形容詞，用來形容一個人老態龍鍾的樣子。

以日本人來說，在學習臺灣語時，會經常利用自己的母語來做相對應，以便達到快速記憶與學習的效果，因此當學到臺灣語「臭老」這個詞時，自然會聯想起「年寄り臭い」這個詞，只要將「年寄り」轉換成「老」，後面加上「臭い」，再將代表形容詞的平假名「い」字去掉，就構成了「老臭」這個複合詞，但是還必須將順序調換過來，才會變成「臭老」的臺灣語詞彙。日本語與臺灣語同樣具有漢字，因此在學習上，相較於其他西方國家的學習者，的確有一些便利之處，問題在於，前述的臺灣語「運命」或「目鏡」等詞，在對應日本語時，並不需要將詞彙的前後順序調換，那麼，究竟哪些詞彙需要調換？哪些詞彙不需要調換？這是學習上的一大困境。

四、述賓式複合詞

所謂「述賓式複合詞」是由動詞與名詞所構成的詞彙，而名詞做爲該動詞的賓語，詞類則大部分是屬於動詞與形容詞。現在依據臺灣總督府《臺灣語教科書》所舉的例子列出表格說明如下：

（一）動詞性述賓式複合詞

表 4-3-10：述賓式複合詞舉例（動詞）

漢　字	意　義	日本語發音	臺灣語發音
變面	翻臉	ピイ＼-ビィヌ＼	binn3-bin7；bìⁿ-bīn
拾恨	記恨	キ・イヲ＼-ヒイヌ＼	khio8-hin7；khiȯ-hīn
著災	遭瘟疫	ツィヲ＼-セエ	tio8-che；tiȯ-che

　　臺灣語「拾恨」的「拾」是動詞，而「恨」則是「拾」的名詞賓語，用來敘述一個人懷恨在心的狀態，日本語當中並沒有這樣的「述賓式複合詞」，只能翻譯成「恨みを抱く」。以日本人而言，在學習臺灣語「拾恨」一詞時，很可能會聯想到自己的母語，並將所有的平假名成分都去掉，只剩下「恨抱」的漢字，相對於臺灣語的「拾恨」來看，原本是「述賓式複合詞」，翻成日本語就變成「賓述式複合詞」了。

（二）形容詞性述賓式複合詞

表 4-3-11：述賓式複合詞舉例（形容詞）

漢　字	意　義	日本語發音	臺灣語發音
夭壽	缺德	イアウ-シウ＼	iau-siu7；iau-siū
成儂	成器	チイアˊ-ランˊ	chiann5-lang5；chiâⁿ-lâng
費氣	麻煩	フィ＼-キ・イˊ	hui3-khi3；hùi-khì

　　臺灣語「夭壽」一詞，字面上是「短命」的意思，但是臺灣語日常會話中，有時會用「夭壽」來形容一個人「缺德」的樣子或狀態。日本語的短命是「夭折」，日本語發音爲「ようせつ」，相當於羅馬拼音「ioo-sechu」，但是完全沒有「缺德」的意味存在，這是屬於臺灣語的特殊用法，對於外國人來說，比較無法掌握說話者的心理因素。

五、述補式複合詞

　　所謂「述補式複合詞」是由動詞與動詞或形容詞所構成的詞彙，後面的動詞或形容詞用來做爲該動詞的補語，說明動詞的動作結果或狀態。現在依

據臺灣總督府《臺灣語教科書》所舉的例子列出表格說明如下：

表 4-3-12：述補式複合詞舉例

漢　字	意　義	日本語發音	臺灣語發音
牽成	提拔	カ・ヌｂ-シィンイ	khan-sieng5；khan-siêng
疊懸	墊高	ティプ-コウヌイ	thiap8-kuan5；thiȧp-kûan
看無	輕視	コ・ウア-ボヲ	khua3-bo5；khùa-bô

「述補式複合詞」整個詞彙可以算做一個動詞的單位，兩個詞的中間不能加入其他成分，楊秀芳認為，如果可以加入其他的成分，就成為「述補詞組」〔註24〕，而不是「述補式複合詞」。前表所列「牽成」一詞，如果當做「提拔」的意思的來說，就不能加入任何詞彙，因為它是一個固定形式的述補式複合詞，當做一個動詞來用；而如果加入其他語素，如「牽會成」或「牽未成」，則是用來表達另一種含意，表「仲介成功」或「仲介失敗」。

臺灣語例詞「看無」的字面意義是「看不到」，但是臺灣語的語用習慣則是表「輕視」的意思，日本語也有「輕視」一詞，發音為「けいし」，相當於羅馬拼音「khei-si」。但是當日本人看到臺灣語「看無」的漢字時，會將「看」的動詞與「無」的否定詞串聯起來，與自己的母語相對應為「見え無い」，將平假名去掉就變成「見無」，恰恰可以對應臺灣語「看無」的述補式複合詞，但是在意義上，卻完全無法想像是「輕視」的意思。

綜觀本節「臺灣語複合詞」的部分，日本語有許多詞彙無法與臺灣語取得相應對照，而即使是可以相互對照的詞彙，大致上會產生兩大問題需要克服：首先是「前後順序」的問題，前述「主謂式複合詞」對應日本語時，有時會變成「謂主式」，例如臺灣語「風篩」變成「颱風」；而「地震」卻不用調換順序。前述「述賓式複合詞」對應日本語時，有時會變成「賓述式」，例如臺灣語「拾恨」變成「恨抱」。其次是「意義轉換」的問題，前述「並列式複合詞」對應日本語時，例如臺灣語「千萬」是「一定」的意思，而日本語的「千万」則是「非常」的意思。前例「述補式複合詞」

〔註24〕楊秀芳《臺灣閩南語語法稿》第三章「構詞」舉例：「講明」一詞，可以加入其他成分的詞彙，成為「講有明」或「講無明」等詞彙。頁181。

對應日本語時，例如臺灣語「看無」一詞是「輕視」的意思，而日本語的「見無」則是「看不到」的意思。總而言之，日本人在學習臺灣語時，免不了會遇到一些困境。

第四節　詞彙認知

　　日本語與臺灣語是兩種不同的語言系統，這一點從音韻、詞彙、語法等方面都可以得到印證，除了語言系統本身的不同之外，由於日本文化與臺灣文化根本的不同，自然還產生詞彙認知方面的差異性存在，既然對於詞彙有認知上的問題，那麼在進行翻譯時，就會產生一些誤差。本節即透過「翻譯」與「漢字選用問題」兩大問題來探討。

一、翻　譯

　　臺灣日治時代的臺灣語教科書內容，每一章節絕對少不了日語翻譯的部分，由於文化習慣與詞彙認知的差異性，造成一些翻譯不當甚至翻譯錯誤的問題產生，現在將臺灣總督府《臺灣語教科書》以及師範學校《新選臺灣語教科書》的內容，有關翻譯問題的部分，列表說明如下：

表 4-4-1：翻譯問題舉例（1）

問	【漢字】彼領衫有穿無
	【日譯】アノ着物ハ保チガョィカ
	【中譯】那一件衣服有沒有穿啊
	【日音】ヒッ＿ニァ6＿サァ6＿ウ＿チ・エン＿ボヲ
	【羅音】hit4_niann2_sann1_u7_chheng7_bo5；hit_niáⁿ_saⁿ_ū_chhēng_bô
答	【漢字】彼領衫較無穿
	【日譯】アノ着物ハ保チガ惡ィ
	【中譯】那一件衣服比較沒有穿
	【日音】ヒッ＿ニァ6＿サァ6＿カ・ァ＿ボヲ＿チ・エン
	【羅音】hit4_niann2_sann1_khah4_bo5_chheng7；hit_niáⁿ_saⁿ_khah_bô_chhēng

　　臺灣語「彼領衫有穿無」的意思是那一件衣服有沒有穿啊，可能是問「有沒有常穿」，或「有沒有穿過」的意思，但是書中日本語的翻譯卻翻為「アノ

着物ハ保チガョィカ」，這段翻譯的意思是「那件衣服耐不耐用」，或是「保存期間長不長」。臺灣語的回答語是「彼領衫較無穿」，意思是「那件衣服比較不常穿」，而日本語的翻譯則爲「アノ着物ハ保チガ惡ィ」，由這句翻譯就能判斷出它與前文具有前後的關聯性，因此前文的疑問句並非筆誤，而是翻譯者對這句臺灣語的認知有所偏差，而造成的誤解。

表 4-4-2：翻譯問題舉例（2）

【漢字】亦要父亦要饅頭粿
【日譯】河豚ハ食ベタシ命ハ惜シィ
【中譯】賺錢也須顧及生命（日）；魚與熊掌不可兼得（臺）
【日音】ィア｜ ＿ベエ｜＿ペエ｜ ＿ィア｜ ＿ベエ｜＿ビヌ｜ ＿タ・ヲ＜ ＿ケエ／
【羅音】ia7_beh4_pe7_ ia7_beh4_bin7_thau5_ke2；iā_beh_pē_ iā_beh_bīn_thâu_ké

臺灣俚語「亦要父亦要饅頭粿」意思大致相當於「魚與熊掌不可兼得」，但是日本語翻譯則爲「河豚ハ食ベタシ命ハ惜シィ」，意思是「賺錢也須顧及生命」，如果是這樣的翻譯的話，應該比較適合另一句臺灣俚語「趁錢有數，性命愛顧」，這應該是翻譯上的誤差。

表 4-4-3：翻譯問題舉例（3）

【漢字】識禮無子婿可做
【日譯】知識ガアッテモ地位を得ナケレバ何ニモナラナイ
【中譯】懷才不遇
【日音】バツ｜＿レエ／＿ボヲ＜＿キァ6＿サィ｜＿タ・ン＿ヮエ｜
【羅音】bat4_le2_bo5_kiann2_sai3_thang1_choe3； bat_lé_bô_kiáⁿ_sài_thang_chòe

臺灣俚語「識禮無子婿可做」，日本語翻譯成「知識ガアッテモ地位を得ナケレバ何ニモナラナイ」，意思是「即使擁有才華，如果沒有地位的話，什麼都沒辦法做」，大致上相當於「懷才不遇」的意思，但這似乎不太合乎臺灣語的語意，這也是翻譯上造成的誤差，如果臺灣語的語意沒有交代清楚的話，恐怕學習到了臺灣語會有意義上的出入，無法了解其原來的眞實義。

表 4-4-4：翻譯問題舉例（4）

【漢字】拗漫却是眞拗漫，不拘我無欲與伊計較
【日譯】ズルイコトハズルイダガ私ハ彼ト爭ヒタクアリマセン
【中譯】雖然很蠻橫不講理，但是我不要和他計較
【日音】アウ／_バヌ〔_キ・オク！シィ｜_チヌ_アウ／_バヌ〔，ム♭_クウ／_ ゴア／_ボヲ〔_アイ╲_かア！_イ_ケエ╲_カウ〕
【羅音】 au3_ban5_khiok4_si7_chin1_au3_ban5，m7_ku2_goa2_bo5_ai3_kah4_i1_ke3_kau3； àu_bân_khiok_sī_chin_àu_bân，m̄_kú_góa_bô_ài_kah_i_kè_kàu

　　上表所舉的例句是師範學校《新選臺灣語教科書》的翻譯，臺灣語的「拗漫」是指蠻橫不講理，而日本語的「ズルイ」則是「狡猾」的意思，兩種語言之間並沒有達成相通的意思，如果將日本語的翻譯「ズルイ」改成「勝つ手」的話，可能比較能對應臺灣語「拗漫」的意思。

表 4-4-5：翻譯問題舉例（5）

【漢字】拋漫却是眞拋漫，不拘我攏無欲及伊計較
【日譯】不法なことは實に不法ですが、しかし私は凡て彼と爭ひたくありません
【中譯】雖然很蠻橫不講理，但是我都不和他計較
【日音】アウ_バヌ〔_キ・オク！シィ｜_チヌ｜_アウ_バヌ〔、ムウ♩_クウ／_ ゴア／_ロン_ボヲ〕_アイ／_かア！_イイ｜_ケエ／_カウ〕
【羅音】au1_ban5_khiok4_si7_chin7_au1_ban5， mu3_ku2_goa2_long1-bo5_ai2_kah4_i7_ke2_kau3； au_bân_khiok_sī_chīn_au_bân，mù_kú_góa_long-bô_ái_kah_ī_ké_kàu

　　上表所舉的例句是臺灣總督府《臺灣語教科書》的翻譯，將臺灣語的「拗漫」翻譯爲「不法」，日本語的「不法」是指違反法律行爲的意思，無法對應臺灣語「蠻橫不講理」的意思，兩種語言之間並沒有達成相對應的目標，如果將日本語的翻譯「不法」改成「勝つ手」的話，表示「自私自利」或「擅作主張」的意思，可能比較能對應臺灣語「拗漫」的意思。將師範學校《新選臺灣語教科書》以及臺灣總督府《臺灣語教科書》做一比較，前者翻譯爲「ズルイ」，也就是是「狡猾」的意思；而後者翻譯爲「不法」，是指「違反法律行爲」的意思，兩者都不太能對應臺灣語的眞實意。

　　師範學校的例句「我即罔尋看覓」的「罔尋」是臺灣語的特色，用來表示「可有可無」、「不執著的」、「不經意的」、「隨機隨緣的」……等意思。以日本人來說，在日本語的語法或語詞中找不到可以對應臺灣語「罔尋」的意思，因此書中也只能大致翻譯成「搜して見ませよ」。日本語「……て見ます」的語法是用來表示「試試看」的意思，可以對應臺灣語「尋看覓」的語法與意思，但是仍然無法將「罔」這個字的特殊意思表達出來，這是兩種不同的語言系統所產生的相異性的文化與習慣，而造成的困境。

表 4-4-6：翻譯問題舉例（6）

	【漢字】汝要值甚貨	
	【日譯】あなたは何が御入用ですか	
問	【中譯】你要甚麼東西	
	【日音】ルウ✔_ベエ＼チイ＼_シァ b ヘエ＼	
	【羅音】lu2_beh8_tih8_siann1_he3；lú_beh_tih_siaⁿ_hè	
	【漢字】我要值一個批囊	
	【日譯】わたくしは狀袋が一枚入用です	
答	【中譯】我要一個信封	
	【日音】ゴア✔_ベエ＼チイ＼チッ✔_エエ＼ポ・エ_ロン〈	
	【羅音】goa2_beh8_tih8_chit4_e3_poe7_long5； góa_beh_tih_chit_è_pōe_lông	

　　例句「汝要值甚貨」的「值」代表「想要」或「需要」的意思，在書中翻譯成日本語「入用」的詞，但是以漢字的認知與使用習慣來說，「值」這個字在日本語的習慣用法是代表「價錢」或「價值」的意思，並沒有想要或需要的認知與用法，因此這個漢字的接受度並不高。

表 4-4-7：翻譯問題舉例（7）

【漢字】娶無一年就生子是不
【日譯】貰ッデ未ダ一年ニナラヌノ二子ガ出來タノデスカ
【中譯】娶不到一年就生孩子了是不是
【日音】ソァ_ボヲ〈_チッ＼_ニィ〆_チウ_シィ b_キァ b_シィ｜ムb

臺灣語「娶無一年就生子是不」，這個例句話中有話，暗藏著一種「意外」或「驚訝」的語氣，但是日本人從字面上完全領略不出這種話中有話的語氣。如果是日本語的話，只要在前後語句中夾帶「ノニ」的詞，就能明顯地表達出「明明就只有……，竟然……」的意味，因此日本人在學習臺灣語時，字面上缺乏這種暗示語意的詞彙，會形成一種困境。

表 4-4-8：翻譯問題舉例（8）

【漢字】賊走即關門
【日譯】後ノ祭ノ
【中譯】爲時已晚
【日音】サ・ッ＼キ・イ」_チァ＼_コアィ␣_ムンぐ
【羅音】chhat8_khhi3_chiah8_koainn1_mng5；chhảt_khhì_chiảh_koaiⁿ_mn̂g

句中的日文翻譯「後ノ祭ノ」，可能是筆誤，應該修改爲「後ノ祭リ」才符合這句俚諺的意思。另外，臺灣語「賊走即關門」的「即」是「……之後，才」的意思，含有「爲時已晚」的意義成分，但是日本語在使用「即」這個單獨的漢字時，是代表「ソク」表達一種「即是」、「等於」、「快速」的意思，與臺灣語的意義相差太多，容易造成理解上的困境。

二、漢字選用

臺灣語的詞彙認知以及漢字使用，與日本語的情況有一些不同，依據樋口靖的研究發現，日本語與臺灣語之間有「意味範圍寬窄」〔註25〕的出入問題，如果漢語的意味內容比日本語更複雜時，日本語的書寫方法爲「一音（訓）多字」，例如表寫字意義的「書く」與表畫畫意義的「描く」都念做「かく」，相當於羅馬拼音的「kha-khu」，但是字形則不一樣；如果日本語的的意味內容比漢語更複雜時，日本語的書寫方法則爲「多音（訓）一字」，例如表細線的「細い」，日本語讀爲「ほそい」，相當於羅馬拼音「hoo-soo-i」；而表細雨的「細かい」，日本語讀爲「こまかい」，相當於羅馬拼音「khoo-ma-khai」，兩者的字形一樣而字音卻不同。有關「詞彙認知」所產生的問題，依據臺灣總督府《臺灣語教科書》以及師範學校《新選臺灣語教科書》的內容，列表說明如下：

〔註25〕樋口靖〈日治時代台語漢字用法〉，載自董忠司主編《台灣語言發展學術研討會論文集》，頁 47～59，1997 年 6 月。

表 4-4-9：漢字選用問題舉例（1）

警部補	【漢字】警部補在問案	
	【日譯】警部補ハ訊問をシテキマス	
	【中譯】警察補在問案	
	【日音】キエン╱_ボオｌ_ボオ╱_テエｌ_ムンｌ_アヌ╲	
	【羅音】keng2_poo7_poo2_teh4_mng7_an3；kéng_pōo_póo_teh_mn̄g_àn	
巡查	【漢字】巡查在顧路	
	【日譯】巡查ハ交通整理をシテキマス	
	【中譯】交通警察在維持交通秩序	
	【日音】スヌ╱_ヂァ_テエｌ_コオ╲_ロオｌ	
	【羅音】sun5_cha1_teh4_koo3_loo7；sûn_cha_teh_kòo_lōo	

　　例句中的「警部補」一詞，就是臺灣人擔任基層警察的職務，依據筆者對日治時代耆老們的「訪談記錄」記載：

　　台灣人只能當「警察補」，比警察等級低一點，必須有中等以上的教育程度，先填自願表然後做身家調查。台灣人民對台灣人當警察補的感覺，與日本警察是一樣的害怕。〔註26〕

由此可見，一般臺灣人都會稱呼這種基層警察為「警察補」，而不是書中所說的「警部補」，這個詞是直接從日本語延用過來，並沒有加以臺灣語的翻譯，既然是學習臺灣語的教科書，就應該與民間一般臺灣人的用詞相符，才不至於在會話過程中產生困境。

　　例句「警部補在問案」的「問案」一詞可以代表動詞，富有動作的成分在裏面，但是日本語的「訊問」是名詞，若要轉變成具有動作的動詞時，則要在後面多加一個「シテキマス」的正在進行的動詞，並且在「訊問」與「シテキマス」的中間加上「を」字，來表示後面這個動作的自主性與意志性，這些都是臺灣語的語法所沒有的地方，僅僅以「在問案」來表達，沒有任何關鍵詞可以用來判斷，這是日本人在學習上的一大困境。

〔註26〕受訪者：劉源川，1928 年 4 月 9 日於后里月眉出生，日本教育程度：月眉國小六年、彰化商工初級機械二年。經歷日治時代的時間共 18 年。受訪日期：2009 年 9 月 27 日上午 7 時 45 分起至 9 時 13 分結束。受訪地點：受訪人自宅（豐原市）。引自「訪談記錄稿」頁 26～35。

表 4-4-10：漢字選用問題舉例（2）

【漢字】倩賊守更
【日譯】貓二鰹節
【中譯】肉包子打狗有去無回；引狼入室
【日音】チ・ア＿ヲ・ッ＿チウ＿キイ
【羅音】chhiann3_chhat4_chiu2_kinn1；chhiàⁿ_chhat_chiú_kiⁿ

　　臺灣俚諺「倩賊守更」，日本語翻譯爲「貓二鰹節」，意思是「肉包子打狗有去無回」或是「引狼入室」的意思。「守更」這樣的文化現象，在日本語中並沒有這個辭彙，有關「守」這個漢字的使用種類有很多，與「守更」的意思稍微接近的有「守り役」，是一種看守或守護的工作，但並不是守更的工作，因此日本人不了解這種生活文化現象，就無法依據字面做直接翻譯，而利用日本人熟悉的食物「鰹節」，也就是「柴魚」或「木松魚」，將柴魚交給貓的話，當然有去無回了，與雇用小偷看門會遭來竊盜一樣的道理，都是表達「引狼入室」或「肉包子打狗有去無回」的意思，這個含意在下一句的臺灣俚諺「拿鷄寄山猫」中又再度以不同的詞彙來表達。

表 4-4-11：漢字選用問題舉例（3）

【漢字】拿鷄寄山猫
【日譯】貓二鰹節
【中譯】肉包子打狗有去無回
【日音】リア＿コエ＿キア＿ソア＿ニアウ
【羅音】liah8_koe1_kia3_soann1_niau1；liàh_koe_kià_soaⁿ_niau

　　臺灣俚諺「拿鷄寄山猫」，與上句「倩賊守更」比較之下，以兩種語言在意義上的吻合度來說，「拿鷄寄山猫」與日本語所翻譯的「貓二鰹節」更爲貼切。但是依據貓的飲食習性來說，「鰹節」屬於魚類，眾所周知這是貓的最愛，應該會比「鷄」更加適合貓的飲食習性，將魚類食物拿給貓的話，絕對是有去無回了，在這裏也呈現出臺灣人與日本人生活習慣的差異性，導致語言上的學習也有不同的見解。

　　另外，臺灣語「拭嘴」的「嘴」字，在日本語中是以「口」來代表，而「嘴」這個漢字在日本語多半代表「鳥嘴、喙」的意思；還有「能曉」的「曉」

字，在日本語的漢字中並沒有被使用，如果要表達知道的意思，則都會用「知」這個漢字加上平假名來代表，而寫成「知ります」的符號，由於漢字使用習慣的不同，也造成了日本人學習臺灣語的困境。

表 4-4-12：漢字選用問題舉例（4）

問	【漢字】可飲冷水不
	【日譯】生水を飲ンデョロシィデスカ
	【中譯】可不可以喝冷水
	【日音】タ・ン＿リム＿リエン✓＿ツィ✓＿ム↓
	【羅音】thang1_lim1_leng2_chui2_m7；thang_lim_léng_chúi_m̄
答	【漢字】不可飲
	【日譯】飲ンデハイケナイ
	【中譯】不可以喝
	【日音】ム↓＿タ・ン＿リム
	【羅音】m7_thang1_lim1；m̄_thang_lim

臺灣語「冷水」的意思是水溫較冷的水，但是日本人沒有不能喝冷水的觀念，所以這句例句的日本語將「冷水」翻譯成「生水」，也就是沒有經過煮沸消毒的生水，這種兩國生活習慣與觀念的差異，也會造成日本人學習臺灣語的困境。

表 4-4-13：漢字選用問題舉例（5）

| 【漢字】脚踏馬屎傍官氣 |
| 【日譯】虎ノ威を藉ル狐 |
| 【中譯】狐假虎威 |
| 【日音】か・ア＿タア＼＿ベエ✓＿サイ✓＿プン↓＿コア↓＿ク・イ↘ |
| 【羅音】kha1_tah8_be2_sai2_bng7_koann1_khi3；kha_tȧh_bé_sái_bn̄g_koaⁿ_khì |

臺灣俚諺「脚踏馬屎傍官氣」，日本語翻譯「虎ノ威を藉ル狐」，意思是「狐假虎威」。過去的一般臺灣平民多半是步行為主，除非是高官才有馬車可做，因此藉由踏到高官乘坐的馬車的馬糞，來誇大形容奉承高官而欺壓弱勢人民那種狐假虎威的姿態。還有過去臺灣人將「屎」也就是「糞便」視為珍寶，可以利用來做農業施肥灌溉等經濟價值之用途，因此臺灣俚諺或日常用

語中有許多關於「屎」的言語，例如「屎塞在腳尻才要挖屎坑」，用來形容「臨渴掘井」的意思。而日本人對於這些臺灣人的生活習慣影響語言使用的現象，若是不了解則會造成語言學習上的困境。

表 4-4-14：漢字選用問題舉例（6）

【漢字】嚴官府出厚賊
【日譯】嚴正ナ官府多ク賊を出ス
【中譯】過於嚴格反而招至民怨而多盜賊
【日音】ギアム◖ ＿コア◗ ＿フウ／ ＿ッ・ウ◢ ＿カウ｜ ＿开・ッ
【羅音】giam5_koann1_hu2_chhuh4_kau7_chhat4；giâm_koaⁿ_hú_chhuh_kāu_chhat

臺灣俚語豐富而多樣，傳神地表達出人生的教訓，以及日常生活的經驗，有關臺灣俚語的研究，可以參考邱文錫、陳憲國合編的《實用臺灣諺語典》〔註 27〕，至於專題性研究的，于嗣宜曾經針對臺灣語的「數字成語」〔註 28〕做研究分析。

表中例句「嚴官府出厚賊」，「厚賊」的「厚」字，臺灣語經常習慣利用這個漢字來形容「多」的意思，例如「蚊眞厚」讀成「bng2_chin1_kau7；bńg_chin_kāu」，用來形容很多蚊子。而日本語的「厚」字，則只有用來表示濃厚的意思，例如「厚皮」指臉皮很厚、不知恥的人；「厚い雲」指雲層很厚；「厚化粧」指濃妝艷抹；「厚情」指深情厚意……等，「厚」這個漢字在日本語的用法很多，但是並沒有用來表示「多」的意思，以日本人的語法習慣來說，當他們看到「厚賊」這個詞時，可能會誤判爲「不知恥的小偷」，而不會聯想到「小偷很多」的意思，這就是兩國語言的詞彙習慣不同而造成的困境。

表 4-4-15：漢字選用問題舉例（7）

問	【漢字】汝欲自己做生理、也是食頭路
	【日譯】君は獨力で商業を營むか、或は奉職せられますか
	【中譯】你想要自己做生意，還是到別人的公司工作

〔註 27〕邱文錫、陳憲國合編《實用臺灣諺語典》，臺北，樟樹出版社，1999 年。
〔註 28〕于嗣宜〈閩南語數字成語──概念結構解析與數字的意義〉，載自《第一屆台灣語文研究及教學國際學術研討會》，頁 361～373，靜宜大學台灣語文學會主辦，2004 年 5 月。

	【日音】ルウ／_アイ／_カア｜キイ｜ヲェ／_シエン｜_リイ／、 イア_シイ￥_チア￥_タ・ウ￥_ロォ｜	
	【羅音】ru2_ai2_ka7_ki7_choe2_seng7_ri2、ia1_si3_chia3_thau3_loo7； rú_ái_kā_kī_chóe_sēng_rí、ia_sì_chià_thàu_lōo	
答	【漢字】我卒業了、想要做先生	
	【日譯】僕は卒業後、教員になりたいと思つて居ります	
	【中譯】我畢業之後想要當老師	
	【日音】ゴア／_ッッ￥_ぎアプ￥_リアウ／、 シウ￥_ベェ／_ヲェ／_シエン｜_シイ｜	
	【羅音】goa2_chut8_giap4_liao2、siunn3_be2_choe2_seng7_sinn1； góa_chut_giap_liáo、siùn_bé_chóe_sēng_sin	

　　臺灣語的「做生理」，就是「做生意」的意思，但是日本語沒有這樣的用法，當日本人從漢字的字面做判斷時，會以爲是有關「本能」或「身體」方面的問題，例如「生理的嫌惡」表示本能的厭惡感；「生理不順」表示月經不順；「生理休暇」表示勞動婦女由於生理期而放假……等。由於日本語對於漢字的使用習慣與臺灣語存在著一些差異性，因此會讓學習者產生一些字面上的誤解，進而造成學習上的困境。

表 4-4-16：漢字選用問題舉例（8）

問	【漢字】伊的身命，勇也弱	
	【日譯】彼の身體は丈夫ですか	
	【中譯】他的身體健壯還是虛弱	
	【日音】イイ_エェ｜_シヌ｜_ミア｜、イオン／_イア_ラム／	
	【羅音】i1_e3_sin7_mia7、iong2_ia1_lam2；i_è_sīn_miā、ióng_ia_lám	
答	【漢字】我想敢無可勇，伊屢屢欲破病	
	【日譯】餘りお達者でないと思ふ。彼はよく病氣します	
	【中譯】我想不太健壯，他經常生病	
	【日音】ゴア／_シウ￥_カア｜_ボヲ｜_タ・ン｜_イオン／、 イイ_タウ￥_タウ￥_ポ・ア／_ビイ｜	
	【羅音】goa2_siunn7_kann1_bo3_thang7_iong2、i1_tau3_tau3_phoa2_pinn7 góa_siūn_kan_bò_thāng_ióng、i_tàu_tàu_phóa_pīn	

　　臺灣語的「身命」是「身體健康」的意思，而日本語的語法「身」與「命」是分開使用的，雖然身體與生命有絕對的相關性，但是一般的用法還是與臺灣語有一些差異性。另外，臺灣語的「欲破病」的「欲」字，在這裏表示「會」的意思，但是依據「欲」這個漢字的字面意義來看，有「想要」的意思，世上應該沒有人會「想要生病」，因此日本人在判斷這個詞彙字面義義時，會產生一些困擾與不解之處。

表 4-4-17：漢字選用問題舉例（9）

問	【漢字】菜買彼多，要創甚貨
	【日譯】野菜をそんなに澤山買つて何になさいますか
	【中譯】買這麼菜要做甚麼
	【日音】ザ・イ＿ボエ＿ヒア／＿ヲエ、ベエ、ヲ・ン／＿シア＿ヘエ
	【羅音】chhai3_boe1_hia2_choe7_beh8_chhong2_siann1_he3； chhài_boe2_hiá_chōe_beh_chhóng_sia^n_hè
答	【漢字】菜有買便々，可請人客較省工
	【日譯】用意してあれば、お客が見えた時、樂です
	【中譯】菜買起來準備，請客時比較省事
	【日音】ザ・イ＿ウウ＿ボエ＿ピアヌ＿ピアヌ、 タ・ン＿チ・ア＿ラン＿ヶエ＿カ・ア／＿シエン＿カン
	【羅音】 chhai3_u7_boe1_pian3_pian7_thang7_chhiann1_lang3_kheh4_kha2_seng1_kang1 chhài_ū_boe_piàn_piān_thāng_chhia^n_làng_kheh_khá_seng_kang

　　臺灣語「有……便々」，是代表事先準備好的意思，相當於日本語「用意してあれば」的用法，但是日本語的「便便」這個詞的認知與使用習慣並非這個意思，而是有其他幾個用法：例如「便便たる大鼓腹」表示大肚皮；「便便と日を送る」表示悠閒度日或遊手好閒；另外還有「雄辯」與「拖延」等意思與用法。從漢字的認知與使用習慣來看，並沒有「事先準備好」的意思，與臺灣語的認知與習慣，的確有一些落差。

表 4-4-18：漢字選用問題舉例（10）

| 問 | 【漢字】着等候伊也免 |

	【日譯】彼を待たなければなりませんか
	【中譯】需要等他還是不用
	【日音】チヲ˺_チエン╱_ハウ˺_イイ_イア_ビアヌ╱
	【羅音】tio3_teng2_hau3_i1_ia1_bian2；tiò_téng_hàu_i_ia_bián
答	【漢字】免嗬、做汝先返去、無要緊
	【日譯】いいえ、お先にお歸りになつて結構です
	【中譯】不用啦、你儘管先回去，沒關係
	【日音】ビアヌ╱_オオ˺、ワエ╱_ルウ╱_シエン˺ツン╱_キ・イ˺、ボヲ˺_イアウ_キヌ╱
	【羅音】bian2_o3、choe2_lu2_seng7_tng2_khi3、bo3_iao1_kin2；bián_ò、chóe_lú_sēng_tńg_khì、bò_iao_kín

　　臺灣語「着……也免」，用來表示「需要……還是不用」的疑問句，相當於日本語「待たなければなりませんか」的語法，但是日本語有關「着」的用法很多，例如表示「留神」的「着意」；表示「到達車站」的「着駅」；表示「穿衣服」的「着衣」；表示「就座」的「着座」；表示「到岸價格」的「着值」……等不勝枚舉，其中卻找不到與臺灣語「必須」的意思相通的用法，因此對日本人來說，這是一個不容易理解的詞彙用語。

　　另外，臺灣語「着……」的語法，用來表示「請求」的意思時，其語法相當於「……て貰はう」的日本語。而現在的「爲」的語法，也是同樣用來表示「請求」的意思，其語法也相當於「……て貰はう」的日本語。兩個不同的漢字語拼音，而其語法也不完全相同，但是都同樣對應日本語的同一個語法，容易造成學習上的困境。

　　臺灣語「着」與「不着」的語法，是對於一件事情的正確與否做出判斷的用法，用來表示「對」與「不對」的意思，相當於日本語的「正しい」與「正しくない」的意思，書中翻譯成「本當」的意思，是屬於舊式的用法。以日本語來說，「着」與「不着」的漢字，完全沒有「對」與「不對」的用法，因此會造成詞彙認知上的困難。

　　臺灣語「有着」、「無着」的語法，則用來表示「有沒有考上」或「有沒有得名」的意思，相當於日本語「等に入られます」或「等に入られません」的用法，關於「着」這個漢字，並沒有與考試相關的用法，因此在根本的詞彙認知上會產生一些困惑。

　　臺灣語「能着」、「沒着」的語法，用來表示「可能性」的語法，相當於日本語「できます」或「できません」，以及動詞「る」形態的變化語「られます」或「られません」的用法。在日本語的語法中，「能着」、「沒着」並沒有用來表示「可能性」的語法，兩者在構造上是不一樣的。

　　總結以上所述有關臺灣語「着」這個漢字的用法，分別有「着；免」、「着；不着」、「有着；無着」、「能着；沒着」、「……着」、「着……」等各種不同的語法。同樣是「着」的漢字，如果用來表示「免」的相反詞時，是指「必須」的意思，其語法相當於「なければなりません」的日本語；如果用來表示「對」或「不對」的意思時，其語法相當於「正しい」與「正しくない」的日本語；如果用來表示「得名」或「沒得名」的意思時，其語法相當於「等に入られます」或「等に入られません」的日本語；如果用來表示「抓得到」或「抓不到」的意思時，其語法相當於「捕へられます」或「捕へられません」的日本語；如果用來表示「……着」過去已發生事時，其語法相當於「……つたのです」的日本語；如果用來表示「請求」的意思時，其語法相當於「やつて貰はう」的日本語。對於日本人來說，臺灣語的一個「着」字，竟然對應如此多的日本語語法，將會讓學習者產生極大的困境。

　　臺灣語的「曾」與「識」兩個詞彙，雖然分別表示不同的漢字與意義，但是拼音卻完全相同，臺灣語「曾」的語法，用來表示「經驗過」或「曾經做過」的事情，相當於日本語「……たことがあります」的語法結構；而「識」的語法，則用來表示「認識」的意思，相當於日本語「識つて居ります」的語法結構。對於日本人來說，兩個拼音完全相同的漢字，必須分別表示兩種完全不同的意義，這也是一種學習上的困境。

表 4-4-19：漢字選用問題舉例（11）

問	【漢字】恁的水牛能觸人沒？緊牽較去嘀
	【日譯】あなたの水牛は人を突きますか、早くあちらへ
	【中譯】你的水牛會不會用角撞人啊？趕緊牽遠一點
	【日音】リン＿エエ　スイ＿グウ＿ヲエ　タク＿ラン＿ボエ、キヌ＿カヌ＿カ・ア＿ク・ウ＿オオ
	【羅音】lin2_e3_sui2_gu5_oe3_tak4_lang5_boe3、kin1_kan7_kha23_khu3_oo3 lín_è_súi_gû_òe_tak_lâng_bòe、kin_kān_khá3_khù_òo

答	【漢字】「阮的水牛乖□乖□、攏沒觸人	
	【日譯】おとなしい水牛で、決して人様を突きません	
	【中譯】我的水牛乖得很，都不會撞人	
	【日音】グヌ／_エエ_スイ／_グウ〈_コアイ〈_イイ〈_コアイ_イイ、ロン_ボエ_タク／_ラン\	
	【羅音】gun2_e3_ sui2_gu5_koai5_i5_ koai1_i1、long1_boe3_tak4_lang3；gún_è_ súi_gû_kôai_î_ koai_i、long_bòe_tak_làng	

　　臺灣語「緊牽較去」的「緊」字，用來表示「趕快」或「快一點」的急迫語氣，相當於日本語「早く……」的語法結構。然而，日本語對於「緊」這漢字的用法有很多種，如果是單獨使用的話，「緊と」是指「緊緊地」意思，當做副詞來使用；如果是與其他的漢字連用的話，就更多樣化了，例如「緊迫」、「緊張」、「緊密」、「緊縮」……等。以字面來判斷的話，的確可以想像出這個字具有「緊急」之類的感覺，但是與「早く……」的語法結構比較之下，用來表示「快一點」的語法，還是有一些距離，必須透過學習者豐富的聯想能力，才能突破些學習上的困境。

　　又如例句「明仔早起五點鐘」的「早起」這個詞，書中的日本語五十音注記為「サイ_キ・イ／」，相當於羅馬拼音「chai3_khi2；chài_khí」的發音，從這個發音聽起來好像是「從明天早上開始」的意思，如果要表達「明天早上」的意思，則應該說「chai1_khi2；chai_khí」的發音。而臺灣語「五點鐘」，書中的意思是「早上五點」的意思，但是聽起來會讓人誤解成「五個小時」，如果要表達「早上五點」的話，應該除去「鐘」這個字而改為「五點」。如果將兩種語言做一對應的話，臺灣語的「五點」，相當於日本語的「五時」；而臺灣語的「五點鐘」，則相當於日本語的「五時間」，其中的意思是不一樣的，因此用語必須要用心斟酌，以免造成誤解而產生學習上的困擾。

表 4-4-20：漢字選用問題舉例（12）

問	【漢字】汝能處禁彼個欲來此炒人沒	
	【日譯】よくここに邪魔に來る彼を、禁止して貰へますか	
	【中譯】你能禁止那個常來這裏吵鬧的人嗎	

	【日音】ルウ╱ _ヲェ╲ _タン╱ _キム╱ _ヒッ╋ _エエ╲ アイ╲ _ライ╲ _チア_サ・ア╱ _ラン╲ _ボェ╲	
	【羅音】lu2_oe3_tang2_kim2_hit4_e5_lai3_chia1_chha2_lang3_boe3； lú_òe_táng_kím_hit_ê_lài_chia_chhá_làng_bòe	
答	【漢字】能嘵、快々、即請警官與相共	
	【日譯】た易く出來ますとも、警官の御助力を賴むから	
	【中譯】可以喔、最快的辦法是請警察來幫忙	
	【日音】ヲェ_オオ╲、コ・アイ╱ _コ・アイ╲、 チア_チ・ア╰ _キェン╱ _コア╰ _タウ╱ _サア╰ _カン╲	
	【羅音】 oe7_oo3、khoai2_khoai3、chia1_chhiann1_keng2_koann1_tau2_sann7_kang7； ōe_òo、khóai_khòai、chia_chhiaⁿ_kéng_koaⁿ_táu_sāⁿ_kāng	

臺灣語「汝能處禁彼個欲來此炒人沒」，是指有一個人經常來這裏吵鬧，希望能夠禁止他這個吵鬧的舉動，但是從例句聽起來好像是要那個人來這吵鬧的意思，應該將例句做一些更正，而更正的方式有兩種語法形式：一種是「汝能處禁彼個、『不來』此炒人沒」，另一種語法是「汝能處禁彼個『欲來此炒的人』、『不來』沒」。前者是將原來書中所寫的「欲來」改成「不來」，直接轉變成不要來這裏吵鬧；而後者是保留書中的「欲來」一詞，但是後面必須加上「的人」，表示「欲來」這裏吵鬧的是他自己，其他的人是不希望他來，而且想辦法要禁止他來的。在表達語義時，還要注意詞彙的「斷句」，才能表達適當的意思，不至於讓學習者產生混亂。

表 4-4-21：漢字選用問題舉例（13）

【漢字】剩彼的而已要死、給我々亦不值
【日譯】私に剩りがあつても、あなたは私に向つて請求すべきものではありません
【中譯】剩下那麼一點點而已，給我我也不要
【日音】ッ・ヌ╰ _ヒアイ_エエ╲ _二ア╰ _二ア╰ _ベェ_シィ╱、 ホオ╲ _ゴア╰ _ゴア_イア╲ _ムウ╮ _チィ╋
【羅音】chhun7_hiai1_e3_nia3_nia7_be1_si2，hoo3_goa2_goa1_ia3_mu3_tuh8； chhūn_hiai_è_nià_niā_be_sí，hòo_góa_goa_ià_mù_tùh

　　臺灣語「剩彼的而已要死」的「要死」一詞，是臺灣語的特殊用法，用來強調「厭惡」、「不願意」等的心情用語，日本語對於這類的語法，雖然有相近的用法，但是無法完全吻合其意，例如日本語爲以「死ぬ程……」來表示像死一樣的痛苦或決心。對於日本來說，「死」這件事是十分悲壯而偉大的，很難聯想到對於「只剩下那麼一點點而已」的小事，竟然會使用「死」這個詞彙，由於語言習慣與文化的差異性，自然會產生一些語言學習上的橫溝。

　　例句「彼漢」的詞彙，臺灣語通常用來表示「輕蔑」的口吻，也就是「那小子」的意思，相當於日本語的「あいつ」，用來指行爲不正當或不好的人。但是日本人如果單單依據「彼漢」的字面去做判斷的話，很難掌握並理解其中所含藏的意思。另外，例句「匾仙」的詞彙，臺灣語用來表示「大騙子」的意思，單從字面的「匾」與「仙」也很難得到聯想與理解。還有「續」這個字，臺灣語的意思中帶有幾分「遺憾」的意味，而日本語的「續」這個字則用來表示「繼續」或「連續」的意思，並沒有「遺憾」的意味在裏面，這也是很難想像的地方，都是造成學習困境的根源。

　　臺灣語「無張持」這個詞彙是指「不小心」的意思，而日本語的「張」用來表示「拉」的意思，而「持」則是「持有」的意思，這兩個漢字加起來連用，爲何會變成「不小心」的意思？對日本學習者來說，實在很難想像這句臺灣語詞彙的意義變化。

　　臺灣語「食茶」，書中的日本語五十音注記爲「チア ╲ _テエ ⸤」，相當於羅馬拼音「chia3_te5；chià_tê」的發音，這是指「喝茶」的意思。但是日本語的語法習慣，喝茶的動詞一定是使用「飲みます」，不會有「食」的用法，因此容易有不習慣的困境。

　　臺灣語的「約束」，是指「約定」的意思，而日本語也恰恰是「約束」，以語法結構來看，臺灣語與日本語兩種語言系統，雖然有一些根本上的差異，但是在這裏的用法，卻比華語的「約定」更接近，因此也讓日本的學習者在學習臺灣語時產生一種親切感，而不全都是困境而已。

　　臺灣語「雖然是貴、總是有較勇」的「勇」，是指「堅固耐用」的意思，而日本語對這個漢字的認知與使用方法分別有幾種，如果單獨一個漢字「勇」或「勇み」的話，表示「勇氣」的意思；如果是形容詞「勇ましい」則表示「勇敢的」；動詞「勇む」則是「勇於……」的意思，此外還有與其他漢字搭配的用法，大致上都用來表示「人」的行爲。而臺灣語的「勇」所代表的「堅

固耐用」則在日本語中找不到這類的用法，因此對日本人學習臺灣語來說，是一項全新的學習經驗與嘗試。

　　臺灣語「賢做人」一詞，用來表示「外交手腕」或「待人處事」很圓融，但是日本語卻找不到能與這句臺灣語相對應的詞彙，因此書中將此句翻譯爲「話せる」，這句詞彙原本是用來指「會說話」或「有能力說話」的意思，在這裏用來表示這個人擅於站在對方的立場，體貼對方的處境，能言善道的意思，間接表達出待人處事的圓融之感。但是日本人在學習這句臺灣語時，恐怕很難理解「有能力說話」或「會說話」的詞彙，與臺灣語的「待人處事」很圓融有何連接關係？容易造成學習上的困境。

表 4-4-22：漢字選用問題舉例（14）

問	【漢字】恁頭家在創甚貨	
	【日譯】あなたの御主人は何をして居られますか	
	【中譯】你們老闆在做甚麼	
	【日音】リヌ_タ・ウ_ケエ_チイ_ワン／_シァ♭_ヘエ	
	【羅音】lin1_thau7_ke1_chi1_chhong2_siann1_he3；lin_thāu_ke_chi_chhóng_siaⁿ_hè	
答	【漢字】阮頭家在算數	
	【日譯】私の主人は金の勘定をして居られます	
	【中譯】我們老闆在記帳	
	【日音】グヌ_タ・ウ_ケエ_チイ_スン／_シアウ	
	【羅音】gun1_ thau7_ke1_chi1_sng2_siau3；gun_ thāu_ke_chi_sńg_siàu	

　　臺灣語「阮頭家在算數」的「算數」，相當於日本語「金の勘定をします」的意思，但是從漢字的字面上看來，好像是「算算術」的意思，因爲日本語對於「數」這個漢字的認知，大約都是與數字有關的意思，並沒有記帳或算帳的關聯性，因此很難產生金錢這方面的聯想，對於漢字詞彙的認知與使用習慣也是一種學習上的困境。

表 4-4-23：漢字選用問題舉例（15）

【漢字】阮大兄倒在總鋪在看新聞
【日譯】兄は疊の上に橫になつて新聞を讀んでゐます

【中譯】	我大哥躺在榻榻米上正在看著新聞
【日音】	グヌ_トァ￢ヒァ6_トヲ_ツウ￢_ワン_ポオ_チッ￢_コ・ア6_シヌ￨_ブヌ〈
【羅音】	gun1_toa3_hiann1_to1_tu3_chong1_phoo1_tit8_khoann2_sin7_bun5；gun_tòa_hiaⁿ_to_tù_chong_phoo_tit_khóaⁿ_sīn_bûn

　　臺灣語「倒在總鋪」的「倒」字，代表「躺著」的意思，而日本語對於「倒」這個漢字的認知則是「倒塌」、「跌倒」、「死亡」等負面的意思，而沒有純粹「躺在床上」的意思。除非是語尾加上「込む」，結合成「倒れ込む」的字彙時，用來表示因極度疲憊而倒臥在床爬不起來的意思，也是含有負面的感覺。依據臺灣語例句「倒在總鋪」的意思，並非極度疲憊而倒臥不起的意思，由於詞彙的認知與使用的差異性，而帶來學習上的困境。

表 4-4-24：漢字選用問題舉例（16）

問	【漢字】	昨昏咱行幾里路、汝知影無
	【日譯】	昨日私共は何里歩いて來たか、知つてゐますか
	【中譯】	昨天我們走了幾里路，你知道嗎
	【日音】	ヰァ￨_フン6_ラヌ／_キア《_クイ_リイ_ロォ￨、ルウ／_サイ_ボフ￢
	【羅音】	cha7_hng1_lin2_kiann5_kui1_li1_loo7、lu2_chai1_bo3；chā_hng_lín_kiâⁿ_kui_li_lōo、lú_chai_bò
答	【漢字】	我不知影喔
	【日譯】	僕は知らないよ
	【中譯】	我不知道喔
	【日音】	ゴア／_ムウ9_サイ￨_ィア6_オオ￢
	【羅音】	goa2_mu3_chai7_iann2_o3；góa_mù_chāi_iáⁿ_ò

　　對於漢字的認知與使用習慣，有時日本語和臺灣語也有一致的情況，例如「走」這個臺灣語，用來表示「跑步」的意思，而日本語也恰恰是使用「走ります」這個動詞來表達跑步的動作，這是兩種語言相同性之處。但是本文例句「行幾里路」的「行」這個漢字，在日本語的用法是代表「去」某個地方的「移動動詞」，但是臺灣語的「行」是「走路」的意思，如果要表示走路的意思，在日本語則使用「步きます」的動詞，同樣是表達「走路」的動作，但是兩種語言卻使用不同的漢字，容易造成學習上的困境。

　　綜觀本節所述「翻譯」與「漢字選用」的問題，由於日本文化與臺灣文

化根本的不同，再加上各自的語言都有「漢字」的存在，透過本身經歷長期文化習慣的養成，自然而然對於一些漢字的詞彙認知，也會產生一些差異，也就是說即使相同的漢字，由於文化習慣的不同，也會造成一些詞彙認知上的問題，而造成學習上的困境。

第五節　詞彙小結

　　日本語由於長時期受到漢語文字與文化的影響，臺灣語與日本語的詞彙結構，有其相同之處，然而，臺灣語與日本語畢竟是兩種不同的語言系統，因此有其相異之處，本節以詞彙的成份，將兩種語言進行比較如下：

一、主謂式複合詞

（一）名　詞

　　臺灣語「地動」一詞，是「主語」與「謂語」所組成的名詞複合詞，「地」是主語，而「動」是謂語，構成複合詞之後，可以當做名詞，例如「這次的地動真嚴重」這個句子中的「地動」當名詞來使用。但是「地動」一詞有時也可以當做動詞使用，例如「今年都無地動過」，這句話的「地動」是當做動詞使用。反觀日語的「地震」，發音為「じしん」，相當於羅馬拼音「zi-sin」，詞彙結構也是主語加上名詞謂語的方式，雖然漢字有「動」與「震」的區別，但詞彙的結構形式是與臺灣語一樣的，不會造成任何學習困境。

　　另外，臺灣語「風篩」，發音為「hoong-thai」，而日語則為「台風」，發音為「たいふう」，相當於羅馬拼音「thai-hu」，詞彙結構是先「謂語」後「主語」的形式，與臺灣語的詞彙結構相反。前述的日語「地震」是先主語後謂語，而同樣的日語「台風」卻是先謂語後主語，因此在對應華語做練習時，可能在學習上會有一些混淆的情形產生，必須特別做練習。

（二）動　詞

　　臺灣語「情願」是「主語」與「謂語」所組成的動詞複合詞，用來表達「願意」的意思；如果加上否定詞「不」，成為「不情願」，用來表達「不願意做某事」的意志狀態。反觀日語要表達「情願」的詞彙是「ほしい」，而表達「不情願」則是「ほしくない」，表示「不想」；或是「したくない」，表示「不願意做」的意思。很明顯地，日語在這裏並非使用主語加謂語的詞彙結

構法，因此兩種語言在對應或使用習慣上，可能會有一些技術層面需要加以克服。

（三）形容詞

臺灣語「面熟」，是「主語」與「謂語」所組成的形容詞複合詞，用來形容對方的面貌好像「似曾相識」的樣子。反觀日語用來判斷形容詞的構詞方法有兩種，一種是「い」形容詞，例如「美味しい」、「楽しい」、「苦しい」等；另一種是「な」形容詞，例如「綺麗な」、「大切な」、「素敵な」等。在日語形容詞用法中，無論是「い」形容詞或是「な」形容詞，都沒有「主語」與「謂語」所組成的形容詞複合詞。

二、同義並列式複合詞

臺灣語名詞並列有「功勞」與「根本」等詞；動詞並列有「分開」與「聯合」等詞；形容詞並列有「健康」與「歡喜」等詞。反觀日語也有並列式複合詞的用法，但多使用於名詞，例如「馬鹿」，日本語發音為「ばか」，相當於語羅馬拼音「ba-kha」，將「馬」與「鹿」兩個同樣是動物的名詞，並列組成一個詞彙，用來表「傻瓜」的意思，經常使用於罵人的詞彙。其餘的像動詞、形容詞、副詞等並列式複合詞的用法則較為罕見，必須重新適應學習。

三、反義並列式複合詞

臺灣語名詞並列有「開關」與「裁縫」等詞；動詞並列有「出入」與「來往」等詞；形容詞並列有「輕重」與「好壞」等詞。如果將臺灣語與日語相互比較來看，屬於名詞的反義並列詞，例如「親子」一詞，日語發音為「おやこ」（o-ia-kho）。「親」是「父親」或「母親」，「子」是孩子，「親子」就是表「父子」或「母子」的意思，因此日本料理「親子丼」就是「雞肉蓋飯」，飯裏的「雞肉」代表「親」，而覆蓋在上面的「蛋」則代表「子」的意思。

另外，臺灣語反義並列詞彙「出入」，日語也可以找到相對應的詞彙「出入り」，發音為「でいり」，相當於羅馬拼音「de-i-li」，表「出入口」的意思。日語雖然在形式上有一些變化，也就是在反義並列詞「出」與「入」的後方再加上一個平假名「り」，但是意義與臺灣語完全一樣。

臺灣語反義並列詞彙「來往」，是將兩個相反意義「來」與「往」所構成的一組詞彙，表「交往」的意思。反觀日語的詞彙當中，也可以找到相對應

的詞彙「往復」，日本語拼音為「おうふく」，相當於羅馬拼音「o-o-hu-ku」，表「來回」的意思，因此來回車票叫「往復切符」，發音為「おうふくきっぷ」，相當於羅馬拼音「o-o-hu-ku-ki-pu」；而貼有回郵的明信片稱之為「往復葉書」，發音為「おうふくはばき」，相當於羅馬拼音「o-o-hu-ku-ha-ba-ki」。由上述的比較來說，雖然日語有「往復」的反義並列詞，但是它還是以字面上的意義為意義，與臺灣語的反義並列詞用法有所不同。

四、相關義並列式複合詞

臺灣語「運命」一詞，日語的構詞順序恰恰相反，以「運命」來呈現，日語的發音為「うんめい」，相當於羅馬拼音「un-mei」，日語與臺灣語兩種語言雖然發音不一樣，但是無論是構詞方式、漢字使用、意義層面都是一樣的。

臺灣語「風水」一詞，代表「房屋座落的地理方位」的意思，而日語發音為「ふうすい」，相當於羅馬拼音「hu-u-su-i」，雖然詞彙結構與漢字使用完全一樣，但是意義與用法卻完全不一樣，例如「風水害」一詞，發音為「ふうすいがい」，相當於羅馬拼音「hu-u-su-i-ga-i」，指「風災與水災」的意思，與臺灣語代表房屋座落與家族運勢的意義是不一樣的。

臺灣語「千萬」一詞的意義有「絕對」的意思，日本語的漢字則是「千万」，發音為「せんまん」，相當於羅馬拼音「se-n-ma-n」，雖然構詞方式一樣，但這個詞是指「非常」或「十分」的意思，無論漢字、發音或是意義都與臺灣語不一樣。

五、偏正式複合詞

（一）名　詞

臺灣語的偏正式複合名詞，在日本語中也可以找到相對應的詞彙，例如「目鏡」一詞，日本語的漢字也是「目鏡」，發音為「めがね」，相當於羅馬拼音「me-ga-ne」，因此學習者可以透過與母語的對照而輕鬆習得。

臺灣語「電火」一詞，日本語則為「電燈」，發音為「でんとう」，相當於羅馬拼音「de-n-to-o」，雖然構詞方式一樣，但是在漢字使用上，則有「火」與「燈」的區別。

臺灣語「雞公」，指的是雄性的雞，而「雞母」指的是雌性的雞，反觀日本語則為「雄鷄」與「雌鷄」，發音為「おんどり」與「めんどり」，使用的

漢字雖然不同，但是意義是一樣的，不會有學習上的困難，問題在於構詞方式上，臺日語言的順序恰恰相反。

（二）動　詞

臺灣語偏正式複合詞「打算」一詞，其「中心詞」為動詞「算」，而修飾語「打」字也是動詞，兩者結合之後，用來加強說明中心詞「算」的計劃或計算意義。無獨有偶地，日語的漢字也使用「打算」一詞，日語的發音為「だ さん」，相當於羅馬拼音的「ta-sa-n」，雖然發音與臺灣語不同，但是無論在字形或是字義上，是完全一樣的。

（三）形容詞

臺灣語「水平」可以對應日本語「水平」，發音為「すいへい」，相當於羅馬拼音「su-i-he-i」；臺灣語「靈感」可以對應日本語「靈感」，發音為「れいかん」，相當於羅馬拼音「l-ei-ka-n」。無論在構詞形式、漢字使用、意義呈現等，都可以得到相互對應。

六、動賓式複合詞

（一）名　詞

臺灣語「記者」可以對應日本語「記者」，發音為「きしゃ」，相當於羅馬拼音「ki-si-ia」；臺灣語「主席」對應日本語「主席」，發音為「しゅせき」，相當於羅馬拼音「si-iu-se-ki」；臺灣語「司儀」對應日本語「司会」，發音為「しかい」，相當於羅馬拼音「si-ka-i」等。除了「司儀」一詞有「儀」與「会」的漢字差異之外，都可以達到對應之處。

（二）動　詞

臺灣語「投資」對應日本語「投資」，發音為「とうし」，相當於羅馬拼音「to-o-si」；臺灣語「關心」對應日本語「関心」，發音為「かんしん」，相當於羅馬拼音「ka-n-si-n」等。無論在構詞形式、漢字使用、意義呈現等，都可以得到相互對應。

（三）形容詞

臺灣語「滿足」對應日本語「満足」，發音為「まんぞく」，相當於羅馬拼音「ma-n-zo-ku」。有時臺灣語的漢字與構詞方式無法與日本語完全對應，必須透過意義的翻譯來對應，例如臺灣語貼心」一詞，日本語找不到這樣的

詞彙結構，在日本語詞彙「貼」字的使用習慣上，後面如果接「付」字，變成「貼付」，發音爲「てんぷ」或是「ちょうふ」，相當於羅馬拼音「te-n-pu」或是「q-io-o-hu」，指「貼上去」的意思；後面也可以接「用」字，變成「貼用」發音爲「ちょうよう」，相當於羅馬拼音「q-io-o-io-o」，是將藥貼用的意思。由此可見，在日語中並沒有「貼心」這樣的詞彙結構與用法，當日本學習者看到「貼心」這個詞彙時，會覺得詫異，爲何可以將東西「貼」在「心」上呢？因此日本學習者面對這樣的詞彙時，必須具有一些聯想，才能理解母語所沒有的詞彙。

七、動補式複合詞

臺灣語「表明」對應日本語「表明」，發音爲「ひょうめい」，相當於羅馬拼音「hi-io-o-me-i」；臺灣語「管理」對應日本語「管理」，發音爲「かんり」，相當於羅馬拼音「ka-n-li」；臺灣語「保持」對應日本語「保持」，發音爲「ほじ」，相當於羅馬拼音「ho-zi」；臺灣語「保護」對應日本語「保護」，發音爲「ほご」，相當於羅馬拼音「ho-go」等，可以達到完全的對應。

但有時會遇到構詞形式相反的情形，例如臺灣語「掌管」一詞，日本語則爲「管掌」，發音爲「かんしょう」，相當於羅馬拼音「ka-n-si-io-o」，雖然漢字與意義相同，但是詞彙結構則恰恰相反。還有臺灣語「澄清」一詞，日本語將後面的「清」字改變成爲「明」字，在臺灣語的詞彙意義中，「清」與「明」都含有表示清澈的意思，因此日木語詞彙的變化並不奇怪。同樣的，臺灣語「降低」一詞，日語將後面的「低」字改變成爲「下」字，在臺灣語的詞彙意義中，「低」與「下」都是指底下的角度或方位，因此日本語詞彙的變化並不奇怪。臺灣語「墊高」一詞，在日本語中就找不到可以完全對應的漢字用法，因此只能透過意義的轉換來進行翻譯的工作，日本學習者就必須了解其意義，才能對這個詞彙有所認知並加以記憶。

綜觀本節「複合詞」的部分，日語有許多詞彙無法與臺灣語取得相應與對照，即使是可以相互對照的詞彙，大致上會產生兩大問題需要克服：首先是「前後順序」的問題，例如前述「動賓式複合詞」對應日本語時，有時會變成「賓述式」，例如臺灣語「拾恨」變成「恨抱」。其次是「意義轉換」的問題，前述「並列式複合詞」對應日本語時，例如臺灣語「千萬」是「一定」的意思，而日本語的「千万」則是「非常」的意思。總而言之，臺灣語的複合詞具有多樣

而豐富的樣貌，必須分別予以辨識及分析，方能順利地達到學習的目標。

八、漢字使用

　　臺灣語詞彙當中，經常使用「粉」字來描述淡淡的顏色，例如「粉紅」；也可以用「粉粉」來形容柔嫩的感覺。反觀日本語的「粉」字，並沒有這樣的用法與習慣，而是指「粉狀」的意思，當形容詞使用，用來修飾後面的名詞。例如「粉末」發音為「ふんまつ」，相當於羅馬拼音「hu-n-ma-cu」因此粉狀的奶粉就是「粉乳」，發音為「ふんにゅう」，相當於羅馬拼音「hu-n-ni-iu-u」，外來語是「milk」，因此又稱為「粉ミルク」，發音為「こなミルク」，相當於羅馬拼音「ko-na-mi-lu-ku」；「粉藥」發音為「こなぐすり」，相當於羅馬拼音「ko-na-gu-su-li」，指粉狀的藥；「粉飾」發音為「ふんしょく」，相當於羅馬拼音「hu-n-si-io-ku」，指「掩飾」的意思，例如「事実を粉飾する」就是「掩蓋事實」的意思；「粉雪」發音為「こなゆき」，相當於羅馬拼音「ko-na-iu-ki」，指「細雪」的意思也可以說成「ボタン雪」；「粉々」發音為「こなごな」，相當於羅馬拼音「ko-na-go-na」，指「粉碎」的意思，因此「粉々に打ち砕く」就是「打得粉碎」的意思等。

　　另外，日語的「粉」字也可以當名詞使用，例如「粉食」發音為「ふんしょく」，相當於羅馬拼音「hu-n-si-io-ku」，指「麵食」的意思，因此「粉屋」，發音為「こなや」，相當於羅馬拼音「ko-na-ia」，就是「麵粉店」的意思；「青黃粉」發音為「あおきなこ」，相當於羅馬拼音「a-o-ki-na-ko」，指非常新鮮而優質的「大豆粉」的意思。由此可見，日語的「粉」字無法用來表示顏色，因此只能用意義翻譯的方式來進行對應，使用「薄い」來代替「粉」的用法。因此日本學習者在學習華語文時，必須了解華語與日語之間的相同處與相異處，才能避免因為自己的母語習慣而產生學習上的混淆。

　　總而言之，日本語與臺灣語同樣具有漢字，因此在學習上，相較於其他西方國家的學習者，的確有一些便利之處，例如前述臺灣語「運命」或「目鏡」等詞，在對應日本語時，可以輕而易舉地習得。但是有時會需要將詞彙的前後順序調換，例如「風颱」變成「台風」；「掌管」變成「管掌」等。那麼，究竟哪些詞彙需要調換？哪些詞彙不需要調換？這是學習上的一大困境。在這些詞彙上的大同小異之處，正是學習困境的根本問題所在，比起西方國家的學習者，反而會存在一些容易混淆之處。

第五章　語法學習的困境

　　臺灣語常用的語法類型大約有「敘述句」、「疑問句」、「命令句」、「呼喚句」、「感嘆句」等五種;而以句子的內部結構來看,與詞彙結構一樣,可以分為「主謂結構」、「並列結構」、「偏正結構」、「述賓結構」、「述補結構」等五種。依據師範學校《新選臺灣語教科書》以及臺灣總督府《臺灣語教科書》的內容,日本人在學習臺灣語時,最常遭遇的困境以「疑問句」最為普遍;而「敘述句」方面,有一些臺灣語特殊的語法問題,諸如「『著』字句」、「『共』字句」、「『給』字句」、「『俾』字句」等;而在詞類方面,以「動詞語法」為最大的問題,本章就一一予以分別探討。

第一節　疑問句

　　臺灣語的疑問句除了一般具有疑問詞的形式,例如疑問代名詞或疑問副詞之外,還有一些特殊的用法,即使句子的結構看起來是敘述句,但是說話者的心理,想要得到解答而懷有疑問時,語氣就會充滿著徵詢的意味,加上對話氣氛與上下語義的關聯,也能構成「敘述式問句」,例如「汝是日本人?」以及「汝喫飽啊?」等。另外,臺灣語疑問句還有以「有……無」或「是……是無」、「會……是無」等形式所構成的「是非問句」;以「抑是」形式所構成的「正反問句」;以「敢……」形式所構成的「『敢』問句」等。因此臺灣語的疑問句有許多不同的用法,形式非常豐富而多樣,本節將分別予以敘述說明如下。

一、一般問句

　　所謂「一般問句」就是在句子中含有疑問詞的形式，可以明顯地判斷出這是一句屬於疑問句的句型。現在依據師範學校與臺灣總督府教科書的內容例句一一分別說明如下。

表 5-1-1：一般問句舉例（1）

	【漢字】這是甚麼貨
	【日譯】コレハ何デスカ
問	【中譯】這是甚麼東西
	【日音】セエ_シィ｜シム／_ミィ口_ヘエ丨
	【羅音】che1_si7_sim2_ minn8_he3；che_sī_sím_ miⁿ_hè
	【漢字】彼是刀仔
	【日譯】ソレハナイフデス
答	【中譯】那是刀子
	【日音】ヘエ_シィ｜_トヲ_ア／
	【羅音】he1_si7_to1_a2；he_sī_to_á

　　臺灣語疑問句「這是甚麼貨」，透過疑問詞「甚麼」，可以明顯地判斷出疑問句的形式，而日本語則是「コレハ何デスカ」，以語法結構來看，主詞與疑問詞排列順序都一樣，只是日本語在語尾加了一個「カ」字，就能很明顯地判斷這是疑問詞，而臺灣語的問句則在句尾呈現一個「貨」字，平常這是代表名詞的漢字，在這裏變成疑問句的語尾助詞，會造成日本學習者在學習上的困境。

表 5-1-2：一般問句舉例（2）

	【漢字】要去何位
	【日譯】何處ヘ行キマスカ
問	【中譯】要去哪裡
	【日音】ベエ／_キ・イ丨_トヲ丨_ウィ｜
	【羅音】beh4_khi3_to2_ui7 ；beh_khì_tó_ūi
答	【漢字】要去基隆

【日譯】基隆へ行キマス	
【中譯】要去基隆	
【日音】ベエ＿キ・イ＿コエ＿ラン	
【羅音】beh4_khi3_koe1_lang5；beh_khì_koe_lâng	

　　臺灣語疑問句「要去何位」的疑問詞「何位」，以及答句「要去基隆」的目的地「基隆」，都擺在句尾，而日本語「何處へ行キマスゥ」的疑問詞「何處」，以及以及答句「基隆へ行キマス」的目的地「基隆」，兩者皆置於句首，且在句尾加上一個「ゥ」字以表疑問句。

　　日本語一般分為「常體」與「敬體」的語法形式，上表所舉「キマ型＋ゥ」的例子，是屬於敬體的形式，如果是常體的話，則是以「辭書型＋の」的形式來呈現疑問句，因此上例的疑問句就會變成「何處へ行くの」的形式，並且語尾的音調會稍微上揚，表示說話者心中懷有疑問的感覺，希望對方給他一個解答。由此可見，日本語要判斷是否為疑問句，詞尾顯示「ゥ」字並非唯一的形式。但是由於臺灣語的疑問詞與日本語的疑問詞擺放的位置不一樣，這是兩種語言在語法上的根本差異，必須透過反覆地練習才能習慣其用法。

表 5-1-3：一般問句舉例（3）

問	【漢字】菜買彼多，要創甚貨	
	【日譯】野菜をそんなに澤山買つて何になさいますか	
	【中譯】買這麼菜要做甚麼	
	【日音】サ・イ＿ボエ＿ヒア＿ツエ＿、ベエ、ツ・ン＿シア＿ヘエ	
	【羅音】chhai3_boe1_hia2_choe7_beh8_chhong2_siann1_he3； chhài_boe2_hiá_chōe_beh_chhóng_siaⁿ_hè	
答	【漢字】菜有買便々，可請人客較省工	
	【日譯】用意してあれば、お客が見えた時、樂です	
	【中譯】菜買起來準備，請客時比較省事	
	【日音】サ・イ＿ウウ＿ボエ＿ピアヌ＿ピアヌ＿、 タ・ン＿チ・ア＿ラン＿ケエ＿カ・ア＿シエン＿カン	
	【羅音】 chhai3_u7_boe1_pian3_pian7_thang7_chhiann1_lang3_kheh4_kha2_seng1_kang1 chhài_ū_boe_piàn_piān_thāng_chhiaⁿ_làng_kheh_khá_seng_kang	

　　臺灣語的「創甚麼」的疑問句「甚麼」擺在句尾，而動詞「創」置於句首，相當於日本語「何をシテキマスか」的說法。兩種語言比較之下，臺灣語沒有任何藉以判斷語法的關鍵詞，而日本語則有「を」與「か」兩個關鍵詞，在「を」的後面一定是具有意志行為的某個動作存在，也就是「シテキマス」，相當於「創」，也就是「做」的動作；至於「か」則是判斷疑問句的關鍵詞。臺灣語僅僅「創甚麼」三個字，找不到任何能夠判斷語法的關鍵詞，因此日本人在學習臺灣語時，遇到這一類疑問遇時，會有許多的不解與疑惑，在無法進行判斷的情況，自然產生許多學習上的困境。

表 5-1-4：一般問句舉例（4）

問	【漢字】在學校在讀甚	
	【日譯】學校デ何をシテ居マスカ	
	【中譯】在學校讀甚麼	
	【日音】チィ｜ ハク｀ ハウ｜ テエ｀ ヷ・ンｱ シァｱ	
	【羅音】ti7_hak8_hau7_teh4_chhong3_siann3；tī_ha̍k_hāu_teh_chhòng_siàn	
答	【漢字】在學校在讀書	
	【日譯】學校デ勉強シテキマス	
	【中譯】在學校讀書	
	【日音】チィ｜ ハク｀ ハウ｜ テエ｀ タ・ク｀ ツウ	
	【羅音】ti7_hak8_hau7_teh4_thak8_chu1；tī_ha̍k_hāu_teh_tha̍k_chu	

　　例句的問題說：「在學校在讀甚？」依據題意已經知道在學校讀書，但是不知道是念哪一科，因此應該針對「在學校讀甚麼？」的問題回答才對，但是書中的回答卻是：「在學校在讀書」，似乎語法以及語意都無法交集。如果將問題改為「在學校在創甚？」也就是將「讀甚」改為「創甚」，日本語拼音為「ソ・ンｱ シァｱ」，羅馬拼音為「chhong3_siann3；chhòng_siàn」，則問與答之間才能得到一個交集點，而符合題意與語法。

　　關於上述的問題，日本語就做了正確的翻譯，問句是「學校デ何をシテ居マスカ」，相當於臺灣語「在學校在創甚」，也就是「在學校做甚麼」的意思，如此便能與後面的回答相吻合，但是與原來的臺灣語問句是不符的。還有兩種語言的詞彙位置也令日本人產生混亂的感覺，臺灣語「創甚」的動詞「創」字在前方，而疑問詞「甚」在後方，與日本語的位置恰恰相反，日本

語的疑問詞「何」在前方，並且語尾還要加上一個「カ」字，而現在動詞進行式「シテ居マス」則在後方，容易造成學習上的困境。

二、是非問句

所謂「是非問句」就是在句子中含有「……是不是」、「有……無」、「是……是無」、「能……無」、「會……是無」等形式所構成的疑問句，可以明顯地判斷出這是一句屬於疑問句的句型。湯廷池認為是非問句「是無」的疑問語助詞，可以對應「否」（syo）的形式，但是兩者所提出的疑問重點不一樣，例如「汝是臺灣儂是無」，相當於華語「你是臺灣人嗎」，此時「是無」相當於「嗎」疑問詞；而「汝是臺灣儂否」，則相當於華語「你是臺灣人吧」，此時「否」相當於「吧」揣測語詞，因此同樣的「是非問句」還分為「純疑問句」與「揣測句」〔註1〕的差別。現在依據師範學校與臺灣總督府教科書的內容分別說明如下。

（一）……是不是

表 5-1-5：是非問句舉例（1）

問	【漢字】	彼號是手巾是不是
	【日譯】	ソレハハンかチンデスカ
	【中譯】	那是手帕嗎
	【日音】	ヒッ＿ホヲ｜＿シィｌ＿チ・ウ✓＿クヌ＿シィｌ＿ムｐ＿シィｌ
	【羅音】	hit4_ho7_ si7_chiu2_kun1_ si7_m7_ si7；it_hō_ sī_chiú_kun_ sī_m̄_ sī
答	【漢字】	是，彼號是手巾
	【日譯】	エ、ソレハハンかチンデス
	【中譯】	是的，那是手帕
	【日音】	シィｌ，ヒッ＿ホヲ｜＿シィｌ＿チ・ウ✓＿クヌ
	【羅音】	si7，hit4_ho7_ si7_chiu2_kun1；sī，hit_hō_ sī_chiú_kun

臺灣語疑問句「是不」與「是不是」的語法大約相似，從上述的「甚麼貨」到「是不」、「是不是」等疑問詞，日本語只用一個「デスカ」就能概括代表，這種疑問詞的多樣化情形，將會造成日本人在學習上的困境。

〔註1〕　湯廷池〈閩南語的是非問句與正反問句〉，載自董忠司主編《台灣語言發展學術研討會論文集》，1997年6月，頁393～411。

表 5-1-6：是非問句舉例（2）

問	【漢字】此個是票包仔是不是
	【日譯】コレハ財布デスカ
	【中譯】這個是皮包是嗎
	【日音】チッ゜_エ❮_シィ｜ピ・ヲ❳_パウ_ァ／_シィ｜_ム♭_シィ｜
	【羅音】chit4_e5_si7_phio3_pau1_a2_ si7_ m7_si7； chit_ê_sī_phiò_pau_á_ sī_ m̄_sī
答	【漢字】不是，彼個不是票包仔
	【日譯】イイエ、ソレハ財布デハアリマセン
	【中譯】不是，那個不是皮包
	【日音】ム♭_シィ｜，ヒッ゜_エ❮_ム♭_シィ｜ピ・ヲ❳_パウ_ァ／
	【羅音】m7_si7hit4_e5_m7_si7_phio3_pau1_a2；m̄_sī，hit_ê_m̄_sī_phiò_pau_á

　　例句「此個是票包仔是不是」的疑問詞爲「是不是」，與上述例句「彼號是手巾是不是」的語法一樣。

表 5-1-7：是非問句舉例（3）

問	【漢字】汝是特意故、俾狗食不是
	【日譯】あなたは態と犬に食はせたのですか
	【中譯】你是不是故意給狗吃的啊
	【日音】ルウ／_シィ❳_チアウ_イイ／_コオ❳、 ホオ❳_カウ／_チア❳_ムウ゜_シィ｜
	【羅音】lu2_si3_thiau1_i2_koo3、hoo3_kau2_chiah8_mu3_si7； lú_sì_thiau_í_kòo、hòo_káu_chiảh_mù_sī
答	【漢字】不是啊、無張持續被伊偷食去
	【日譯】いいえ、油斷をしてとうとう食べられてしまひました
	【中譯】不是啊、我是不小心才被狗偷吃的
	【日音】不是啊、我是不小心才被狗偷吃的
	【羅音】mu3_si7_oo3、bo3_tiunn1_ti5_soa2_hoo7_i7_thau7_chiah8_khu3； mù_sī_òo、bò_tiuⁿ_tî_sóa_hōo_ī_thāu_chiảh_khù

　　例句「俾狗食不是」這一句的語法有一點問題，所謂「不是」是一種「否

定句」，如果要表達「疑問句」的話，應該將語句的順序倒過來變爲「是不」，因此整句話應該是「俾狗食是不」。

表 5-1-8：是非問句舉例（4）

【漢字】是不是罵自己	
【日譯】好クテモ惡クテモ先ッ自分を責メヨ	
【中譯】凡事先反求諸己	
【日音】シィ｜ムﾄ_シィ｜_マァﾄ_かァ_キイ｜	
【羅音】si7_m7_si7_mann7_ka1_ki7；sī_m̄_sī_māⁿ_ka_kī	

　　臺灣俚諺「是不是罵自己」，日本語翻譯爲「好クテモ惡クテモ先ッ自分を責メヨ」，相當於「凡事先反求諸己」的意思，在這裏所出現的「是不是」，並非疑問詞，但是卻與前文所舉的疑問句「彼號是手巾是不是」的「是不是」完全一樣，日本人在學習疑問句時，好不容易習慣了臺灣語疑問句「……是不是」的用法，而現在又出現了同樣的漢字詞，但卻不是疑問句的例子，自然會有所混淆，而造成學習上的困境。

　　（二）有……無

表 5-1-9：是非問句舉例（5）

問	【漢字】有鞋無	
	【日譯】靴ハアリマセンカ	
	【中譯】有沒有鞋子啊	
	【日音】ウ｜_エ◖_ボヲ◖	
	【羅音】u7_e5_bo5；ū_ê_bô	
答	【漢字】有	
	【日譯】ハイ、アリマス	
	【中譯】有	
	【日音】ウ｜	
	【羅音】u7；ū	

　　臺灣語的疑問句十分多樣化，在這裏「有鞋無」這個疑問句，從語法結構來看，完全看不出它是疑問句的屬性，因爲句中所出現的漢字，除了名詞

「鞋」之外，「有」與「無」表面上看來分別是肯定詞與否定詞，以日本人而言，絕對想不出這一句為什麼會是疑問句？因此極容易造成學習上的疑惑與困境。

表 5-1-10：是非問句舉例（6）

問	【漢字】恁阿父有在得無	
	【日譯】あなたの父さんは居られますか	
	【中譯】你爸爸在嗎	
	【日音】リヌ_ァァ｜パア〈_ウウ〉_チイ｜テェ✦_ボヲ〈	
	【羅音】lin1_a7_pa5_u3_ti7_teh4_bo5；lin_ā_pâ_ù_tī_teh_bô	
答	【漢字】有喇、不時亦在得	
	【日譯】居りますよ、何時でも居ります	
	【中譯】有啦、隨時都在	
	【日音】ウウ｜ラア✦、プッ〉_シイ〈_マア〉_チイ｜_テェ✦	
	【羅音】u7_lah4、put8_si5_ma3_ti7_teh4；ū_lah、pùt_sî_mà_tī_teh	

臺灣語回答句「在得」的語法，相當於日本語「居ります」的用法，表示當時某人正存在於某個地方的意思，而例句「不時亦在得」的「不時」，從字面上看起來好像是「否定句」的感覺，其實是用來強調沒有一個時候不在家，也就是隨時都在家的意思，相當於日本語「何時でも居ります」的語法。將日本語的「何時」與臺灣語的「不時」做一比較，日本語利用類似「疑問句」的語法來強調「無論何時」都在家，而臺灣語則利用類似「否定句」的語法來強調「沒有一個時候」不在家，兩者所要表達與強調的意思是相同的，但是由於語法的習慣不同，對於初學者容易造成習慣用語上的困境。

（三）能處……沒；有處……無

表 5-1-11：是非問句舉例（7）

問	【漢字】汝能處禁彼個欲來此吵人沒
	【日譯】よくここに邪魔に來る彼を、禁止して貰へますか
	【中譯】你能禁止那個常來這裏吵鬧的人嗎

	【日音】ルウ／_ヲェ＼_タン／_キム／_ヒッ／_エエ＼ アイ＼_ライ＼_チア_サ・ア／_ラン＼_ボェ＼
	【羅音】lu2_oe3_tang2_kim2_hit4_e5_lai3_chia1_chha2_lang3_boe3； lú_òe_táng_kím_hit_ê_lài_chia_chhá_làng_bòe
答	【漢字】能嗬、快々、即請警官與相共
	【日譯】た易く出來ますとも、警官の御助力を賴むから
	【中譯】可以喔、最快的辦法是請警察來幫忙
	【日音】ヲェ_オオ＼、コ・アイ／_コ・アイ＼、 チア_チ・ア＼_キェン／_コア＼_タウ／_サア＼_カン＼
	【羅音】 oe7_oo3、khoai2_khoai3、chia1_chhiann1_keng2_koann1_tau2_sann7_kang7； ōe_òo、khóai_khòai、chia_chhiaⁿ_kéng_koaⁿ_táu_sāⁿ_kāng

　　這個例句在語法上有一些問題，「汝能處禁彼個欲來此吵人沒」，是指有一個人經常來這裏吵鬧，希望能夠禁止他這個吵鬧的舉動，但是從例句聽起來好像是要那個人來這吵鬧的意思，應該將例句做一些更正，而更正的方式有兩種語法形式：一種是「汝能處禁彼個、『不來』此炒人沒」，另一種語法是「汝能處禁彼個『欲來此炒的人』、『不來』沒」。前者是將原來書中所寫的「欲來」改成「不來」，直接轉變成不要來這裏吵鬧；而後者是保留書中的「欲來」一詞，但是後面必須加上「的人」，表示「欲來」這裏吵鬧的是他自己，其他的人是不希望他來，而且想辦法要禁止他來的。在修改語法時，還要注意語詞的「斷句」，才能表達適當的意思，不至於讓學習者產生混亂。

表 5-1-12：是非問句舉例（8）

問	【漢字】近在市場身邊，有處稅厝無
	【日譯】市場の附近に借家がありますか
	【中譯】附近市場旁邊，有沒有地方可以租房子
	【日音】クヌ＼_チイ＼_チ・イ＼_チウ／_シヌ＼_ピイ＼、 ウウ＼_タン／_セェ／_ッ・ウ＼_ボヲ＼

	【羅音】kun3_ti3_chhi3_tiunn5_pinn1、u3_tang2_se2_chhu3_bo3； kùn_tì_chhì_tiûⁿ_piⁿ、ù_táng_sé_chhù_bò
答	【漢字】檢採有處稅、我即罔尋看覓
	【日譯】あるかも知れない、搜して見ませよ
	【中譯】可能有，我找找看
	【日音】キアム＿サ・イ＿ウウ〕＿タン／＿セエ／、 　　　ゴア／＿チア↑＿ボン＿チ・エ〕＿コ・ア6＿バイ｜
	【羅音】 kiam1_chhai1_u3_tan2_se3、goa2_chiah4_bong1_chhe3_khoann2_bai7； kiam_chhai_ù_tán_sè、góa_chiah_bong_chhè_khóaⁿ_bāi

臺灣語回答句「我即罔尋看覓」，並沒有直接回答對方「有處稅厝無」的問題，而是說要試著找找看，「罔尋」一詞是臺灣語的特色，用來表示「可有可無」、「不執著的」、「不經意的」、「隨機隨緣的」……等意思。以日本人來說，在日本語的語法或語詞中找不到可以對應臺灣語「罔尋」的意思，因此書中也只能大致翻譯成「搜して見ませよ」。日本語「……て見ます」的語法是用來表示「試試看」的意思，可以對應臺灣語「尋看覓」的語法與意思，但是仍然無法將「罔」這個字的特殊意思表達出來，這是兩種不同的語言系統所產生的相異性的文化與習慣，而造成的困境。

（四）能曉……沒

表5-1-13：是非問句舉例（9）

問	【漢字】能曉講外國話沒
	【日譯】外國語ハ話セマスカ
	【中譯】會不會說外國語啊
	【日音】ヲエ｜＿ヒァウ／＿コン／＿ゴア｜＿コク｜＿ヲエ｜＿ボエ｜
	【羅音】oe7_hiau2_kong2_goa7_kok4_oe7_booe7； ōe_hiáu_kóng_gōa_kok_ōe_bōe
答	【漢字】淡薄仔能曉講
	【日譯】少シ話セマス
	【中譯】會說一點點

【日音】タム｜_ポヲ＼_ァ／_ヲエ｜_ヒァウ＞／_コン／
【羅音】tam7_po8_a2_oe7_hiau2_kong2；tām_pȯ_á_ōe_hiáu_kóng

　　例句「能曉講外國話沒」這句臺灣語的基本語法結構是「能曉……沒」，相當於日本語「外國語ハ話セマスカ」，在這裏透過關鍵詞「ハ」，可以了解此句的主題是「外國語」；而經由關鍵詞「カ」，可以知道這是一句疑問句；並從動詞連用形「話セマス」的變化形式，可以掌握「會說」的意義。日本語這些慣用的關鍵詞，對於臺灣人來說，可能覺得十分麻煩又困難，不像自己所熟知的臺灣語這麼簡單，可以省掉許多「助詞」之類的關鍵詞，當臺灣人在學習日本語的時候，就會產生許多這方面的困境。相反地，當日本人學習臺灣語時，由於臺灣語缺乏像日本語一樣的足以判斷語法的助詞或關鍵詞，尤其臺灣語的疑問句更有多樣化的傾向，像這次的例句又呈現出與前文例句不一樣的語法結構，這是讓日本學習者感到吃力，而造成困惑的地方。

三、正反問句

　　所謂「正反問句」就是在疑問句中含有「……抑是……」的形式，也可以充當「間接問句」，例如「我知影……抑不是」等形式。與前述的「是非問句」屬於不同的語法形式，黃朝茂認爲這兩種問句可以相互對換，正反問句可視爲是非問句的「變形」〔註2〕，只是兩者在語意和語氣上有些微差異。然而，華語的正反問句與是非問句或許可以對換，但是以臺灣語而言，有些可以相互對換，例如是非問句「汝捌去日本無？」如果說話者心中認爲對方沒有去過日本，就可以代換成正反問句「汝唔捌去日本，對無？」但有些是無法相互對換的，例如含有「……抑是……」形式的正反問句，它的疑問目的在於要求對方從兩個問題中選擇一個答案，它是一種「選擇問句」的結構；而「是非問句」的目的則在於希望對方做「是」或「否」的答覆。例如正反問句「汝愛喫飯，抑是愛喫麵」，就無法做是非問句「汝愛喫飯，是無」的代換了。

〔註2〕　黃朝茂所舉的例子：(1) 正面詢問：「你要去日本嗎？」(2) 反面詢問：「你不去日本嗎？」(3) 正反面詢問：「你去不去日本呢？」(4) 正面求證：「你要去日本，是嗎？」(5) 反面求證：「你要去日本，不是嗎？」(6) 正反面求證：「你是不是要去日本？」參見《漢日語語法比較論文集》，臺北，致良出版社有限公司，1994年12月。

　　湯廷池認爲閩南語的「抑是」〔註3〕與北京話的「或是」一樣，都是連詞「抑」、「或」與判斷動詞「是」的連用，眞正的連詞爲「抑」與「或」，而「是」只不過是用來強調語氣或增加音節而已。因此，「抑」也可以與其他動詞連用，例如「抑有」等，並非只能與「是」連用而已。

表5-1-14：正反問句舉例

問	【漢字】	這尾魚是買的，抑是去釣的
	【日譯】	この魚は買ったんですか？釣ったんですか？
	【中譯】	這條魚是買的還是釣的
	【日音】	チィッ-ブエ╱-ヒィ〈-シィ|-ベエ╱-エ〈、イア╱-シィ|-ティヲ〕-エ〈
	【羅音】	chit4-bue2-hi5-si7-be2-e5、iah4-si7-tio3-e5；chit-búe-hî-sī-bé-ê、iah-sī-tiò-ê
答	【漢字】	去釣的
	【日譯】	釣ったんです
	【中譯】	是釣的
	【日音】	シィ|ティヲ〕エ〈
	【羅音】	si7-tio3-e5；sī-tiò-ê

　　表中例句「這尾魚是買的，抑是去釣的」，疑問詞爲「抑是」，做爲提供對方可以選擇的連詞，因此回答者一定要在前後訊息中選擇其中一項做爲答覆，不能用肯定詞「是」或否定詞「唔是」來做回答。日本語的翻譯爲「この魚は買ったんですか？釣ったんですか？」利用兩個疑問句的形式來做選擇問句，其實日本語也有類似臺灣語「抑是」的疑問連接詞，例如「それとも」就可對應「或是」的語意，因此整句話可以改爲「この魚は買ったんですか、それとも、釣ったんですか？」這樣應該比較能對應臺灣語「抑是」疑問句的語法形，才不會讓學習者產生困惑。

〔註3〕　湯廷池所舉例句：「每日透早攏有眞濟人佇公園内鍛鍊身軀，『抑有』走的，『抑有』拍拳的，『抑有』做體操的。」參見黃朝茂《閩南語語法研究試論》，臺北，臺灣學生書局，頁251，1999年6月。

四、「敢」問句

　　所謂「『敢』問句」就是在疑問句中含有「敢」字的形式，臺灣語有關「敢」的各種用法與意義有許多種類，在臺灣總督府《臺灣語教科書》〔註4〕都做了詳細的舉例與練習，現在分別加以分析。

（一）表示「疑惑」的用法

表5-1-15：「敢」問句舉例（1）

問	【漢字】	汝敢能曉聽客話乎
	【日譯】	あなたは廣東語が解りでせうね
	【中譯】	你會聽客家話嗎
	【日音】	ルウ＿カアb＿ヲエ＿ヒアウ＿チ・アb＿ケ・エ＿ヲエ＿ホオb
	【羅音】	lu2_kann1_oe3_hiao2_thiann7_kheh4_oe7_hoonn7； lú_kaⁿ_òe_hiáo_thiāⁿ_kheh_ōe_hōoⁿ
答	【漢字】	客話全然沒曉得，福老話就淡薄仔能曉得
	【日譯】	廣東語は全く解りません。福建語ならば少し解ります
	【中譯】	客家話完全聽不懂，而福建話就會聽一點點
	【日音】	ケ・エ＿ヲエ＿ソアヌ＿ジアヌ＿ボエ＿ヒアウ＿チツ。 ホヲ＿ロヲ＿ヲエ＿チウ＿タム＿ボヲ＿アア＿ヲエ＿ ヒアウ＿チツ
	【羅音】	kheh4_oe7_choan3_boe3_hiao2_tit4。 ho3_ro1_oe7_chiu3_tam3_poh8_a2_oe3_hiao2_tit4。 kheh_ōe_chòan_bòe_hiáo_tit。hò_ro_ōe_chiù_tàm_pòh_á_òe_hiáo_tit

　　例句「敢能曉聽客話乎」，相當於「你會……嗎」的疑問句，或是「好像會……吧」的推側問句，表中日本語翻譯為「廣東語が解りでせうね」，句尾的「でせうね」是舊日本語的用法，就是現代日本語「でしようね」的推測用語，也就是翻成了「好像會……吧」的推測問句。如果改為直接問句的話，敬體的說法是「廣東語が解りますか」，常體的語法則為「廣東語が解るの」，便可以翻譯成「你會……嗎」的疑問句型。

〔註4〕 臺灣總督府《臺灣語教科書》，頁74～81。（筆者譯）

表 5-1-16：「敢」問句舉例（2）

【漢字】	五歲囝仔敢着車單
【日譯】	五歲ノ子供二乘車券ハイリマスカ
【中譯】	五歲孩子需要買車票嗎
【日音】	ゴオ｜＿ヘエ｀＿ギヌ／＿ア／＿カム／＿チヲ｀＿チ・ア＿トア♭
【羅音】	goo5_hoe3_gin2_a2-kam2_tioh8_chhia1_toann1； gôo_hòe_gín_á-kám_tio̍h_chhia_toaⁿ

　　例句「五歲囝仔敢着車單」的「敢」字，代表一種疑惑的感覺，可以替代疑問句的用法，同時也傳達出「需要嗎」的意思，因此對應日本語時，必須同時使用「疑問詞」的「カ」，以及表示「要」的「イリマス」，連結成「乘車券ハイリマスカ」的語法。

（二）表示「推測」的用法

表 5-1-17：「敢」問句舉例（3）

【漢字】	明阿再敢能落雨
【日譯】	明日ハ雨ガ降ルダラウ
【中譯】	明天會下雨嗎
【日音】	ビヌ＜＿ア／＿サイ｀＿カア♭＿フエ｜＿ロフ｀＿ホオ｜
【羅音】	bin5_a2_chai3_kann2_oe7_loh8_hoo7；bîn_á_chài_káⁿ_ōe_lo̍h_hōo

　　例句「明阿再敢能落雨」的「敢」字，代表一種推測的語法，相當於日本語的語尾詞「ダラウ」，接續在動詞原形「降ル」的後方，而臺灣語只用一個「敢」字，就表達了這種推測的意思。

（三）表示「勇氣」的用法
　　例句：此條事情汝敢擔當無？

表 5-1-18：「敢」問句舉例（4）

【漢字】	此條事情汝敢擔當無
【日譯】	コノ事ハ君擔當シキリマスカ
【中譯】	這件事情你敢承擔嗎

【日音】チツ〻_チアウ_タイ〻_チイ〻_リイ〻_カア6_タム_ツン6_ボヲ〻
【羅音】chit4_tiau1_tai7_chi_li2_kann2_tam1_tng1_boo5； chit_tiau_tāi_chi_lí_káⁿ_tam_tng_bôo

首先看拼音的部分，例句「此條事情」的「條」字，書中日本語拼成「チアウ」的音，相當於羅馬拼音「tiau1；tiau」的音，也就是拼成第1聲調，但是這個漢字應該拼成「チアウ〻」，相當於羅馬拼音「tiau5；tiau5」才正確，因此要將聲調改成第5聲調。

其次看語法的問題，例句「汝敢擔當無」的「敢」字，表示有勇氣承擔的意思，接續於「擔當」的前方，相當於日本語「キリマス」表示十分堅定的語法，接續於「擔當」的後方，而變成「擔當シキリマス」的語法。將臺灣語與日本語做一比較，可以發現同樣表示勇氣的用語，臺灣語置於前方，而日本語則置於後方，這是容易造成混淆的地方。

上述臺灣語「敢」的三種語法，分別用來表示「疑惑」、「推測」「勇氣」的用法，對應於日本語則分別是「イリマスカ」、「ダラウ」、「キリマス」的語法，日本語在使用三種不同語法時，分別用各種不同的詞彙來表示其語意，因此容易辨別不同的語法，但是臺灣語卻全部都使用一個「敢」的漢字，會讓日本人無所適從而產生學習上的困境。總而言之，臺灣語「敢」字的語法，表示一種「推量」與「揣測」的意思，相當於日本語「でしよう」的用法，以語法結構組合來看，臺灣語擺在主詞之後的句首，而日本語則置於動詞之後的句尾，這些都是一種學習上的困境。

綜觀本節所分析的臺灣語「疑問句」的問題，臺灣語與日本語之間，有關疑問句最大的差異性在於「疑問詞」的判斷，日本語可以透過句尾來進行判斷，如果是表尊敬的敬體的話，就以「N＋ですか」或「ます型＋か」等句尾來表示；如果是平常的常體的話，則以「辭書型＋の」來呈現。反觀臺灣語的疑問句，疑問詞的變化十分豐富而多樣，對於日本學習者來說，是一項龐大的負擔，很可能會引發諸多學習上的困境。

第二節　敘述句

臺灣語的敘述句十分豐富而多樣，本節舉出「敘述命令句」如「『著』字句」；「主動句」如「『共』字句」；「被動句」如「『給』字句」、「『被』字句」、「『俾』字句」等，分別予以說明如下。

一、「著」字句

　　臺灣語的基本語法「着」相關用法，有十分豐富而複雜的意義與用法，對應日本語的意義也十分廣泛，容易造成日本人在理解上的困境，現在依據「臺灣語教科書」〔註5〕所列的內容，將不同的意義與用法，分門別類加以說明，並且以表格的方式呈現出來加以分析。

（一）表示「命令語」的用法

表 5-2-1：「著」字句舉例（1）

【漢字】	着掃門口
【日譯】	表を掃除シナサイ
【中譯】	必須掃門口
【日音】	チヲ丶＿サウ〕＿ムンイ＿カ・ウ✓
【羅音】	tioh8_sau3_bng5_khau2；tio̍h_sàu_bn̂g_kháu

　　例句「着掃門口」的「着」字是傳達一種必須執行的任務或職責，相當於日本語「ナサイ」的命令語。

表 5-2-2：「著」字句舉例（2）

【漢字】	着照規矩
【日譯】	規則を守リナサイ
【中譯】	必須按照規矩
【日音】	チヲ丶＿チアウ〕＿クイ＿クウ✓
【羅音】	tioh8_chau3_kui1_ku2；tio̍h_chàu_kui_kú

　　例句「着照規矩」的「着」字，與前例同樣是傳達一種必須執行的任務或職責，相當於日本語「ナサイ」的命令語。

（二）表示「花費」的用法

表 5-2-3：「著」字句舉例（3）

問	【漢字】到彼着幾日久

〔註 5〕 臺灣總督府《臺灣語教科書》，頁 52〜64。（筆者譯）

	【日譯】アソコデ幾日カカリマスカ	
	【中譯】到那裏需要花費幾天	
	【日音】カウ﹀_ヒア_チヲ﹀_クイ╱_ジッ﹀_クウ╱	
	【羅音】kau3_hia1_tioh8_kui2_zit8_ku2；kàu_hia_tio̍h_kúi_zit_kú	
答	【漢字】着四五日久	
	【日譯】四五日間カカリマス	
	【中譯】需要花費四五天的時間	
	【日音】チヲ﹀_シイ﹀_ゴウ_ジッ﹀_クウ╱	
	【羅音】tioh8_si3_goo7_zit8_ku2；tio̍h_sì_gōo_zit_kú	

　　例句「到彼着幾日久」的「着」字，不同於上述例句的命令語，而是一種表示時間的花費，相當於日本語「カカリマス」的用法。

表 5-2-4：「著」字句舉例（4）

問	【漢字】着若多錢	
	【日譯】イクラカカリマスカ	
	【中譯】需要花費多少錢	
	【日音】チヲ﹀_ロア﹀_ワェ﹀_チイ᷅	
	【羅音】tioh8_loa7_choe7_chinn5；tio̍h_lōa_choē_chîⁿ	
答	【漢字】免六七十元	
	【日譯】六七十圓ハカカリマセン	
	【中譯】花費不到六七十元	
	【日音】ビエヌ╱_ラク﹀_チ・ツ᷄_サプ﹀_コ・オ	
	【羅音】ben2_loa7_choe7_chinn5；bén_lōa_chōe_chîⁿ	

　　例句「着若多錢」的「着」字，與上述的例句用法相同，不同之處在於上述例句在於時間的花費，而現在則是代表金錢上的花費，也相當於日本語「カカリマス」的用法。

　　（三）表示「正確」的用法

表 5-2-5：「著」字句舉例（5）

問	【漢字】寫如此着不

	【日譯】コンナニ書イタガ間違ヒアリマセンか
	【中譯】寫這樣對嗎
	【日音】シア／＿アヌ／＿ニイ┣ チヲヽ＿ムｐ
	【羅音】sia2_an2_ni1_tioh8_m7；siá_án_ni_tio̍h_m̄
答	【漢字】不着，着更重寫
	【日譯】間違ッテキマス、書直サネバナリマセン
	【中譯】不對，必須重寫
	【日音】ムｐ チヲヽ、チヲヽ＿コヲ／チエン〈 シア／
	【羅音】m7 tioh8，tioh8_koh4_teng5_sia2；m̄ tio̍h，tio̍h_koh_têng_siá

　　在這裏出現了兩種「着」的用法，例句「着更重寫」的「着」字，相當於前文所介紹的「命令語」，表示必須要完成的事。而例句「寫如此着不」以及「不着」的「着」字，則代表「正確」的用法，「着」是正確，相當於日本語「間違イナイ」或是「正シイ」的意思；相反地，「不着」則是不正確，相當於日本語「間違ウ」的意思。

表 5-2-6：「著」字句舉例（6）

	【漢字】伊講的着不
	【日譯】彼ノ言フタコトハ正シイデスカ
問	【中譯】他說的對嗎
	【日音】イ＿コン／＿エ〈＿チヲヽ＿ムｐ
	【羅音】i1_kong2_e5_tioh8_m7；i_kóng_ê_tio̍h_m̄
答	【漢字】着，伊講的攏總着
	【日譯】ハイ、彼ノ言フタノハ皆正シイデス
	【中譯】對，他說的全部都對
	【日音】チヲヽ、イ＿コン／＿エ〈＿ロン／＿ワン／＿チヲヽ
	【羅音】tioh8，i1_kong2_e5_long2_chong2_tioh8； tio̍h，i_kóng_ê_ló ng_chóng_tio̍h

　　例句「攏總着」，表示所說的全部都正確無誤，也就是相當於日本語「皆正シイ」的用法。

（四）表示「罹患」的用法

表 5-2-7：「著」字句舉例（7）

問	【漢字】着甚麼病	
	【日譯】何病氣ニ罹リマシタカ	
	【中譯】是生甚麼病呢	
	【日音】チヲ˘ シム／＿ミイ♪＿ピイ♭	
	【羅音】tioh8_sim2_mi4_pinn7；tiȯh_sím_mi_p$\bar{i}$ⁿ	
答	【漢字】着寒熱症	
	【日譯】マラリヤニ罹リマシタ	
	【中譯】是罹患寒熱症	
	【日音】チヲ˘ コア✓＿ジエッ˘ ピイ♭	
	【羅音】tioh8_koann5_zet8_pinn7；tiȯh_kôaⁿ_zȧt_p$\bar{i}$ⁿ	

例句「着甚麼病」的「着」字，表示罹患疾病的意思，相當於日本語「罹リマス」的用法，而過去式即爲「罹リマシタ」。

表 5-2-8：「著」字句舉例（8）

問	【漢字】着病着叫醫生	
	【日譯】病氣ニ罹ッタラ醫者を呼ビナサイ	
	【中譯】生病就要叫醫生來	
	【日音】チヲ˘ ＿ピイ♭＿チヲ˘ ＿キヲ】＿イ＿シエン	
	【羅音】tioh8_pinn7_ioh8_kio3_il_seng1；tiȯh_p$\bar{i}$ⁿ_iȯh_kiò_i_seng	
答	【漢字】我知我知	
	【日譯】承知シテ居リマス	
	【中譯】我知道我知道	
	【日音】ゴア／＿サイ＿ゴア／＿サイ	
	【羅音】goa2_chai1_goa2_chai1	

上述例句使用了兩種「着」的用法，「着病着叫醫生」前面的「着」字，是「罹患」的意思，相當於日本語「罹リマシタ」的用法；而後面的「着」字，則是傳達出一種必須去做的事情，也就是「命令語」的用法，相當於日本語「ナサイ」的意思。

（五）表示「有……到」的用法

表 5-2-9：「著」字句舉例（9）

問	【漢字】汝食有着菓子無	
	【日譯】君ハ菓子を食べマシタカ	
	【中譯】你有沒有吃到水果呢	
	【日音】リイ↗＿チア↘＿ウ｜＿チヲ＿ヶエ↗＿チイ↗＿ボヲ⸜	
	【羅音】li2_chih8_u7_tioh8_goe2_chi2_bo5；lí_chih_ū_tio̍h_góe_chí_bô	
答	【漢字】無，我食無着	
	【日譯】イイエ、私ハ食べマセン	
	【中譯】沒有，我沒有吃到	
	【日音】ボヲ⸜、ゴア↗＿チア↘＿ボヲ⸜＿チヲ↘	
	【羅音】bo5，goa2_chih8_bo5_tioh8；bô，góa_chih_bô_tio̍h	

　　例句「汝食有着菓子無」的「着」字，表示一種已完成或已成功的動作狀態，「食有着」就是「已經成功地完成」，也就是「已經吃到了這個食物」，所以日本語翻譯使用過去式「食べマシタ」的形態；而「食無着」就是「沒有成功地完成」，也就是「沒有吃到這個食物」，所以日本語翻譯使用現在式「食べマセン」的形式用語。

表 5-2-10：「著」字句舉例（10）

問	【漢字】彼個賊仔汝拿能着没	
	【日譯】アノ泥棒を捕ヘラレマスカ	
	【中譯】那個小偷你抓得到嗎	
	【日音】ヒツ＿エ⸜＿サ・ツ↘＿ア↗＿リイ↗＿リア↘＿ヲエ｜＿チヲ↘ボエ｜	
	【羅音】hit4_e5_chhat8_a2_li2_liah8_oe7_tioh8_boe7；hit_ê_chha̍t_á_lí_lia̍h_ōe_tio̍h_bōe	
答	【漢字】我拿能着	
	【日譯】私ハ捕ヘラレマス	
	【中譯】我抓得到	
	【日音】ゴア↗＿リア↘＿ヲエ｜＿チヲ↘	
	【羅音】goa2_liah8_oe7_tioh8；goa2_liah8_oe7_tioh8	

與前例的用法相同，例句「彼個賊仔汝拿能着沒」的「着」字，表示一種已完成或已成功的動作狀態，「拿能着」就是「可以成功地抓到」，所以日本語翻譯使用「捕ウ」這個動詞，再加上表示「可以」的「ラレマス」，變成「捕ヘラレマス」的動詞連用形。

總觀上述臺灣語「着」的五種用法，包括必須達成的命令語、時間與金錢的花費、罹患疾病、正確、完成等意思，一個漢字同時具足這麼豐富的意思，也就是說在這麼多豐富的意思當中，臺灣語只要用一個「着」字就能完整地表達。反觀日本語卻要使用許多詞彙來表示這些不同的意思，諸如表達命令語的「ナサイ」；表達花費時間與金錢的「カカリマス」；表達罹患疾病的「罹リマス」；表達正確的「正シイ」；表達完成的「マシタ」等。對於日本人來說，在這些不同的日本語詞彙中，竟然都可以對應臺灣語的「着」字，一定會感到非常不可思議而無所適從，不知從何分辨其中的差異性，這便造成了日本人學習臺灣語的障礙與困境。

二、「共」字句

臺灣語的基本語法「共」這個詞彙，書中提出了三種不同的用法，在「臺灣語教科書」[註6] 都做了詳細的舉例與練習，現在依據書中所舉的例子，分別將漢字、日文翻譯、中文翻譯、日本語五十音、羅馬拼音等項，以表格的方式呈現出來並加以分析。

表 5-2-11：「共」字句舉例（1）

問	【漢字】有共伊參商無	
	【日譯】彼二相談シマシタカ	
	【中譯】有跟他商量嗎	
	【日音】ウ＿カア＿イ＿サ・ム＿シオン＿ボヲ	
	【羅音】u7_ka7_i1_chham_siong5_boo5；ū_kā_i_chham_siông_bôo	
答	【漢字】尚未共伊參商	
	【日譯】未ダ彼二相談シマセン	
	【中譯】還沒跟他商量	
	【日音】イア＿ベエ＿カア＿イ＿サ・ム＿シオン	
	【羅音】ia2_boe7_ka7_i1_chham_siong5；iá_bōe_kā_i_chham_siông	

〔註6〕臺灣總督府《臺灣語教科書》，頁65～69。（筆者譯）

　　例句「有共伊參商無」的臺灣語，相當於日本語「彼二相談シマシタカ」，也就是以日本語「二」的助詞，對應「共」這個漢字。

表 5-2-12：「共」字句舉例（2）

問	【漢字】怎樣共伊打	
	【日譯】何故彼を毆リマシタカ	
	【中譯】爲什麼打他呢	
	【日音】サイ6_イウ卜_カア|_イ_パ・ア卜	
	【羅音】chainn2_iunn7_ka7_i1_phah4；cháiⁿ_iūⁿ_kā_i_phah	
答	【漢字】眞歹即共伊打	
	【日譯】大變惡イノデ毆リマシタ	
	【中譯】因爲他很壞才打他	
	【日音】チヌ_パ・イ6_チア卜_カア_イ_パ・ア卜	
	【羅音】chin1_phhainn2_chiah4_ka7_i1_phah4；　chin_phháiⁿ_chiah_kā_i_phah	

　　例句「怎樣共伊打」以及「眞歹即共伊打」的「共伊打」這個詞，相當於日本語「彼を毆リマシタ」，也就是以日本語「を」的助詞，來對應「共」這個漢字的使用方法。

表 5-2-13：「共」字句舉例（3）

問	【漢字】此間厝共伊典的是不	
	【日譯】コノ家ハ彼カラ抵當二取ッタノデスカ	
	【中譯】這間房子是他頂讓給你的嗎	
	【日音】チッ_キエン_ツ・ウ丨_カア|_イ_チエン／_エ﹤_シイ|_ム卜	
	【羅音】chit4_keng1_chhu3_ka7_i1_teng2_e5_si7_m7；chit_keng_chhù_kā_i_téng_ê_sī_m̄	
答	【漢字】不是，是共伊稅的	
	【日譯】イイエ、彼カラ賃借リシテキルノデスカ	
	【中譯】不是，是跟他租的	
	【日音】ム卜_シイ丨、シイ丨_カア|_イ_セエ丨_エ﹤	
	【羅音】m7_si7、si7_keng1_i1_se3_e5；m̄_sī、sī_keng_i_sè_ê	

　　例句「此間厝共伊典的是不」的「共伊典的」這個詞，相當於日本語「彼

カラ抵當二取ッタノデス」，也就是以日本語「カラ」的詞，來對應「共」這個漢字的使用方法。

　　綜觀上述有關「共」這個漢字的三種用法，「共伊打」相當於日本語「彼を毆リマシタ」，對應「を」的助詞；「共伊參商」相當於日本語「彼二相談シマシタカ」，對應「二」的助詞；「共伊典的」相當於日本語「彼カラ抵當二取ッタ」，對應「カラ」的詞。臺灣語一個「共」字，可以對應三種不同的日本語用法，對於日本人來說，是一項艱難的任務，無法單從字面或文句上去做判斷，容易造成學習臺灣語的困境。

三、「給」「被」「俾」字句

　　臺灣語的基本語法「給、被、俾」的拼音相同，都發成「hoo7；hōo」的音，但是三者之間的語法卻不盡相同，在「臺灣語教科書」〔註7〕都做了詳細的舉例與練習，現在依據書中所舉的例子，分別加以分析。

（一）給

表 5-2-14：「給」字句舉例（1）

問	【漢字】	此條面巾要給甚人
	【日譯】	コノタオルハ誰ニヤルノデスカ
	【中譯】	這條毛巾要給甚麼人
	【日音】	チッ＿チアウ／＿ビヌ｜＿クヌ＿ベエ／＿ホオ｜＿シアら＿ランく
	【羅音】	chit4_tiau2_bin7_kun1_beh4_hoo7_siann2_lang5；chit_tiáu_bīn_kun_beh_hōo_siáⁿ_lâng
答	【漢字】	汝若欲給汝
	【日譯】	君ガ欲シイナラアゲマス
	【中譯】	如果你要就給你
	【日音】	リイ／＿ナアト＿アイ｜＿ホオ｜＿リイ／
	【羅音】	li2_n7_ai3_hoo7_li2；lí_ñ_ài_hōo_lí

　　例句「此條面巾要給甚人」的「要給甚人」這個詞，相當於日本語「誰ニヤルノデスカ」，也就是以日本語「……二……ヤル」的語法，來對應「給誰」這個詞的使用方法。

〔註7〕臺灣總督府《臺灣語教科書》，頁74～81。（筆者譯）

表 5-2-15：「給」字句舉例（2）

問	【漢字】此等柑仔給我好不	
	【日譯】コノ蜜柑をクダサイマセンカ	
	【中譯】這個橘子給我好嗎	
	【日音】チッ↗_エ◖_カム_ア↗_ホオ|_ゴア↗_ホヲ↗_ム♭	
	【羅音】chit4_e5_kam1_a2_hoo7_goa2_ho2_m7；chit_ê_kam_á_hōo_góa_hó_m̄	
答	【漢字】好，攏總提去	
	【日譯】ヨシ、皆持ッテイキナサイ	
	【中譯】好，全部拿去	
	【日音】ホヲ↗、ロン↗_ソン↗_テ・エ↘_キ・イ⌐	
	【羅音】ho2、long2_chong2_theh8_khi3；hó、lóng_chóng_thėh_khì	

　　例句「此等柑仔給我好不」的「柑仔給我」這個詞，書中的日本語翻譯是「蜜柑をクダサイ」，為了方便語法的分析與比較，筆者在此以另一種語法方式來翻譯，「柑仔給我」這個詞，可以相當於日本語「蜜柑を私ニクレマス」，也就是以日本語「……ニクレマス」或「……ニクル」的語法，來對應「柑仔給我」這個詞的使用方法。與前文所述例句「此條面巾要給甚人」的「給甚人」這句詞語，相當於日本語「誰ニヤル」的說法，也就是「……ニヤル」或「……ニヤレマス」的語法。換句話說，「給我」是「接受用語」的「クル」；而「給誰」或「給他」則是「授與用詞」的「ヤル」，兩者有關「受」與「授」的用法，在日本語的語法中區分得很清楚，但是臺灣語卻都是「給」一個漢字就代表「受」與「授」的用語，對於日本學習者來說，難以分辨兩者之間的差異性，容易造成學習臺灣語的困境。

　　（二）被

表 5-2-16：「被」字句例

問	【漢字】汝是被甚人打	
	【日譯】君ハ誰ニ打タレタカ	
	【中譯】你是被誰打的	
	【日音】リイ↗_シイ|_ホオ|_シア♭_ラン◖_パア↗	
	【羅音】li2_si7_hoo7_siann2_lang5_phah4；lí_sī_hōo_siáⁿ_lâng_phah	

答	【漢字】我被鱸鰻人打
	【日譯】私ハ無賴漢二打タレタ
	【中譯】我被流氓打的
	【日音】コア╱＿ホオ｜＿ロオ‹＿モアイ＿ラン‹＿パア╴
	【羅音】goa2_ hoo7_loo5_moa5_ lang5_phah4；góa_ hōo_lôo_môa_ lâng_phah

　　首先看漢字選用的部分，例句「我被鱸鰻人打」的「鱸鰻」一詞，用大魚來象徵大流氓，應該將「鱸」改成「鱸」字，才能與「鰻」字合成一詞。但是這種語詞的習慣用法是臺灣語的特色之一，日本人就不一定能夠理解為什麼「魚」會與「無賴漢」有關呢？這便是他們學習上的困境。

　　其次看語法的問題，例句「汝是被甚人打」以及「我被鱸鰻人打」的「被」字，是屬於被動式的語詞，相當於日本語「……二打タレタ」的語法，日本語必須將動詞「原形」的「打ッ」，轉變成「受身形」的「打タレ」，也就是被動式的語法，再加上過去式「タ」的形態，最後變成「打タレタ」的詞。當臺灣人在學習日本語時，這種轉變的規則是一種學習上的困境，反之，日本人在學習臺灣語時，對於臺灣語只用一個「被」字，就能代表被動式的語法，不須要再轉變動詞的形式，會感到十分不習慣。漢語是孤立語，在構詞時，詞的核心部分，也就是詞根不會起變化，詞在句中的各種語法關係，例如格位、數目、人稱、性別、時間……等，主要靠詞序與虛詞來表達，這樣的語法習慣對於日本人來說，無疑是一種學習上的困境。

　　（三）俾

表 5-2-17：「俾」字句舉例

問	【漢字】要俾甚人辦
	【日譯】誰二ヤラセマスカ
	【中譯】（這件事）要讓甚麼人來辦
	【日音】ベエ╴＿ホオ｜＿サア6＿ラン‹＿パヌ｜
	【羅音】beh4_hoo7_siann2_lang5_pan7；beh_hōo_siáⁿ_lâng_pān
答	【漢字】伊若欲辦，俾伊辦亦好
	【日譯】彼ガヤリタケレバヤラセテモヨロシイ
	【中譯】如果他想要辦，讓他辦也可以

【日音】	イ_ナア‵｜_アイ‵｜＿パヌ｜＿ホオ｜_イ_パヌ｜＿イア‵｜ホヲ✓
【羅音】	i1_na7_ai3_ pan7_hoo7_ i 1_ pan7_ia7_ho2 ; i_nā_ài_ pān_ hōo_ i 1_ pān_iā_hó

　　例句「要俾甚人辦」以及「俾伊辦亦好」的「被」字，是屬於「讓」或「付託」的語詞，相當於日本語「……ニヤラセマス」的語法，日本語必須將動詞原形「ヤル」轉變成「ヤラセマス」的語法，才能代表這種付託的用語，而臺灣語的動詞「辦」卻沒有任何變化，只用一個「俾」的漢字就能表達意思，這也是日本人在學習上的一種困境。

　　綜觀上述「給」、「被」、「俾」三個漢字，雖然同樣發成「hoo7；hōo」的拼音，也同樣都是帶領動詞產生各種變化形式的助詞，但是意義與用法卻完全不同，而且對應日本語也產生了各種語法的差異，日本人如何在發音完全相同的三個漢字當中，判斷其對應自己母語的語法習慣，這必須經過長期的練習才能產生自然的語法習慣。

第三節　動詞語法

　　以語法功能以及語意內涵來說，句子中最重要的詞類就是動詞，是形成句子的核心成分，依據張淑敏的研究，閩南語動詞的「句法功能」〔註8〕有十三種，而動詞的語音形態分為只有一個語素的「單音動詞」，如「寫」、「讀」、「走」等，也就是「單純動詞」；兩個語素的「雙音動詞」，如「讀書」、「考試」、「散步」等；三個音節的「多音動詞」，通常由雙音名詞加上「化」而組成，如「民主化」、「商業化」、「自動化」等，也就是「派生動詞」，形成中心語在右（化），以後綴來決定其詞性的動詞。

〔註 8〕　張淑敏將閩南語動詞的句法功能分為十三項：（1）可單獨充當問話的答語（2）可以用「無」或「唔」否定（3）可以出現於正反問句（4）可以出現於情態助動詞後面（5）可以出現於祈使句（6）動態動詞用「AA」重疊式來表示「短暫貌」（7）動態動詞可以與回數補語連用（8）動態動詞可以附加「啊」、「過來」、「下去」等動貌標誌（9）動態動詞可以用「主語取向」的情狀副詞修飾（10）可以用時間副詞、處所副詞、範圍副詞來修飾（11）可以在後面帶上表示情狀或程度的補語（12）可以充當名詞的修飾語（13）可以「名物化」後充當動詞的主語、賓語或補語。參見張淑敏〈為閩南語動詞試定界說〉，載自黃宣範編《第二屆台灣語言國際研討會論文選集》，頁 243〜259，文鶴出版有限公司，1998 年 8 月。

　　除了上述「單純動詞」、「派生動詞」之外，臺灣語的動詞還有複合詞的形式，大約可分為「主謂式複合詞」〔註9〕、「偏正式複合詞」、「並列式複合詞」、「述賓式複合詞」、「述補式複合詞」等五種結構，臺灣語動詞的用法與日本語相對照時，會產生一些無法對應的問題必須克服，現在依據師範學校與臺灣總督府的教科書內容，將有關動詞部分的問題，一一提出來做說明。

一、單純動詞

　　所謂「單純動詞」就是只有一個語素的所構成的動詞形式，例如「釣」、「講」、「食」、「走」、「學」等動詞，現在列表舉例如下：

（一）釣

表 5-3-1：單純動詞「釣」舉例

【漢字】汝釣有無
【日譯】君ハ釣レマシタカ
【中譯】你有沒有釣到魚
【日音】リィ／＿チヲ」＿ウ｜＿ボヲ乀
【羅音】li2_tio3_u7_bo5；lí_tiò_ū_bô
【漢字】釣無半尾
【日譯】一匹モ釣レナカツタ
【中譯】半條也沒釣到
【日音】チヲ」＿ボヲ乀＿ポァ˚＿ベエ／
【羅音】tio3_bo5_poann3_be2；tiò_bô_pòaⁿ_bé

　　臺灣語「釣無半尾」的動詞「釣」字就是一個「單純動詞」，臺灣語的語法將動詞「釣」置於句首，而否定詞「無」接續於動詞之後，代表魚的量詞「尾」擺在句尾；日本語「一匹モ釣レナカツタ」，原本在句尾的量詞「匹」變成句首，原本在句首的動詞「釣ル」變成句尾，而且與否定詞「ナイ」合成動詞連用形「釣レナイ」，並與過去式結合而變成「釣レナカツタ」，兩種

〔註9〕　所謂「主謂式複合詞」，即主語加謂語（N＋V）而構成的詞彙，大部分的語法功能是名詞與形容詞，以形容詞而言，例如「心疼」、「面熱」等；以名詞而言，例如「風篩」、「地動」等。然而，有時也會轉化成為動詞的功能，例如「真久無地動啊」的「地動」就轉化成為動詞。有關這部分的問題，在前章「詞彙的困境」時，已有說明過，因此不在本節重述。

語言之間的語法順序與結構完全不同，容易造成學習上的困境。

　　（二）講

表 5-3-2：單純動詞「講」舉例

問	【漢字】能曉講外國話沒
	【日譯】外國語ハ話セマスカ
	【中譯】會不會說外國語啊
	【日音】ヲエ|_ヒァウ╱_コン╱_ゴア|_コク|_ヲエ|_ボエ|
	【羅音】oe7_hiau2_kong2_goa7_kok4_oe7_booe7； ōe_hiáu_kóng_gōa_kok_ōe_bōoe
答	【漢字】淡薄仔能曉講
	【日譯】少シ話セマス
	【中譯】會說一點點
	【日音】タム|_ポヲ╲_ァ╱_ヲエ|_ヒァウ╱_コン╱
	【羅音】tam7_po8_a2_oe7_hiau2_kong2；tām_pó_á_ōe_hiáu_kóng

　　有關「動詞位置」的問題，例句「能曉講外國話沒」的動詞「講」在句子前方，而日本語「外國語ハ話セマスカ」的動詞「話セマス」則位於句子的後方，這是日本人學習臺灣語的一大困境。至於「漢字判讀」的問題，臺灣語「外國話」的「話」是當名詞使用，而日本語「話セマスカ」的「話」則是當動詞使用，雖然都是同樣的「話」這個漢字，但是在語法上竟有動詞與名詞之間的重大差異性，這也是造成日本人學習臺灣語的困境。

　　（三）食

表 5-3-3：單純動詞「食」舉例

【漢字】却是能嘴乾，不拘醫生叫我講不可食茶
【日譯】喉ガ乾クコトハ乾クガ然シ醫者ハ茶を飲ンデハイケナイト言ヒマシタ
【中譯】雖然會口渴，但是醫生叫我不可以喝茶
【日音】キ・オク|_シィ|_ヲエ|_ッ・イ|_タア，ム♭_クウ╱_イ_シエン_キヲ╲_ ゴア╱_コン╱_ム♭_タ・ン_チア|_テエ ╰
【羅音】 iok4_si7_oe3_chhui3_ta1_m7_ku2_i1_seng1_kio3_goa2_kong2_m7_thang1_chih4_te5； khiok_sī_òe_chhùi_ta_m̄_kú_i_seng_kiò_góa_kóng_m̄_thang_chih_tê

　　臺灣語「却是…不拘」的語法結構，分別位於兩個句子的句首，但是在日本語的語法結構則是位於句尾，說成「……ガ、然シ」，這種語法組合的順序也會造成臺灣語學習的困境。

　　另外，臺灣語的「嘴乾」，日本語是「喉ガ乾ク」，而不是「嘴ガ乾ク」或是「口ガ乾ク」，兩種語言所使用的漢字習慣有「嘴」與「喉」的差異，而這種差異性就會造成學習上的困惑。還有臺灣語的「食茶」，日本語是「茶を飲ミマス」，這裏出現了兩種困境，首先是動詞的位置不同，臺灣語的動詞「食」擺在前方，而日本語的動詞「飲」則置於後方；其次是「食」與「飲」漢字使用習慣的差異性。還有臺灣語的「醫生叫我講……」的語法，醫生「講」這個動作是在話語內容的前方就已經交代了；而日本語的語法結構是「醫者ハ……ト言ヒマシタ」，醫生「言」的動作是在話語內容的最後才出現，這也是形成日本人學習臺灣語的困境之一。臺灣語「我無欲與伊計較」的「無欲」，接續於主詞「我」的後方，而日本語「私ハ彼ト爭ヒタクアリマセン」的「タクアリマセン」則是接於動詞「爭フ」之後，並轉變為動詞連用形「爭ヒタクアリマセン」，與動詞結合成一個詞彙，這也是兩種語言系統在語法結構上的根本差異，自然會造成日本人學習臺灣語的困境。

　　（四）走

表 5-3-4：單純動詞「走」舉例

在要	【漢字】賊仔在要走咯
	【日譯】泥棒ハ逃げカケテキマスカ
	【中譯】小偷快要跑掉了
	【日音】牙‧ァ＼_ァ／_テエ！_ベエ！_サウ／_ロオ！
	【羅音】chhat8_a2_teh4_beh4_chau2_loh4；

　　臺灣語「賊仔在要走咯」的「走」是單純動詞，而「咯」則是一個語尾助詞，用來強調小偷即將要離開的動作與狀態，書中的日本語翻譯為「泥棒ハ逃げカケテキマスカ」，語尾的「カ」在日本語的語法中，是疑問詞的典型代表，可是在這裏的臺灣語並非疑問詞，可能是翻譯上的疏失，應該使用日本語強調語氣的語尾助詞「ヨ」會比較恰當。

（五）學

表 5-3-5：單純動詞「學」舉例

問	【漢字】欲學甚麼
	【日譯】何を習ヒタイカ
	【中譯】想要學甚麼
	【日音】アイ＼＿ヲ＼シム／＿ミイ♪
	【羅音】ai3_oh8_sim2_mih4；ài_o̍h_sím_mih
答	【漢字】欲學臺灣語
	【日譯】臺灣語を習ヒタイデス
	【中譯】想要學臺灣語
	【日音】アイ＼＿ヲ＼タイ＿ヲアヌ＜＿ヲエ｜
	【羅音】ai3_oh8_tai1_oan5_oe7；ài_o̍h_tai_ôan_ōe

　　臺灣語「欲學甚麼」相當於日本語「何を習ヒタイカ」，在這裏除了動詞前後的位置不同的問題之外，在日本語的語法中，為了強調「想要」的意思，會將動詞做連用形的變化，例如現代日本語表達「學習」的動詞原形是「習ウ」，而日治時代的舊五十音拼成「習フ」，而表達「想要」的語法是「タイ」，首先將動詞原形「習フ」改成「マス」形，變成「習ヒ」，然後再在詞尾加上「タイ」的詞，最後產生「習ヒタイ」的動詞連用形，用來傳達「想要學習」的意思。如果是臺灣人學習日本語的情況之下，日本語的動詞有諸多形式上的變化，這種由臺灣語的「簡」，跨越至日本語的「繁」的過程中，都會讓臺灣人產生學習上的困境。相反地，當日本人在學習臺灣語時，由日本語的「繁」，要跨越至臺灣語的「簡」，也會由於缺乏語法形式上的諸多變化，而無從判斷以至無所適從，這又是另一種學習上的困境。

二、述賓式複合動詞

　　所謂「述賓式複合動詞」就是由述語動詞加上賓語名詞（V＋N）所組成的動詞形式，例如「識禮」、「落雨」、「出厚賊」、「看戲」、「起身」、「趁錢」、「冤家」等，現在列表說明如下：

（一）識　禮

表 5-3-6：述賓式複合動詞「識禮」舉例

【漢字】識禮無子婿可做
【日譯】知識ガアッテモ地位を得ナケレバ何ニモナラナイ
【中譯】懷才不遇
【日音】バッ｜レエ／＿ボヲ〈＿キァ6＿サイ｜タ・ン＿ソエ｜
【羅音】bat4_le2_bo5_kiann2_sai3_thang1_choe3；bat_lé_bô_kiáⁿ_sài_thang_chòe

　　例句「識禮」是懂得禮儀、知道禮儀、擁有才能的意思，動詞「識」排列於句首的位置，而日本語「知識ガアッテ」的動詞「アッテ」則位於句子的末端，這是日本人學習臺灣語的一大困境。

（二）落　雨

表 5-3-7：述賓式複合動詞「落雨」舉例

【漢字】明阿再檢採會落雨
【日譯】明日ハ雨ガ降るようです
【中譯】明天可能會下雨
【日音】ビヌ〈＿ア／＿サイ｜＿キィアム6＿ツ・アィ／エ｜＿ロヲ｜＿ホオ｜
【羅音】bin5-a2-chai3-kiam2-chhai2 e7 loh8 hoo7；bîn-á-chài-kiám-chhái-ē-lo̍h-hōo

　　以「動詞位置」來說，臺灣語「檢採能落雨」的「檢採」表示「可能性」，擺在句首，而動詞「落」位於句中，最後名詞「雨」放在句尾。依據日本語的語法習慣，這樣的排列位置是完全錯亂的，這句話若依日本語的語法，應該重新組合成為「雨ガ降るカモ知レナイ」，原本在句尾的名詞「雨」改置於句首；動詞「落」仍然位於句中，原本在句首的可能性用語「檢採」，則改置於句尾，這便造成了日本人學習臺灣語的困境。

（三）出厚賊

表 5-3-8：述賓式複合動詞「出厚賊」舉例

【漢字】嚴官府出厚賊
【日譯】嚴正ナ官府多ク賊を出ス

【中譯】官逼民反；適得其反	
【日音】ギアム◖_コア◗ フウ✓_ッ・ウ◗_カウ｜⼲・ッ	
【羅音】giam5_koann1_hu2_chhuh4_kau7_chhat4；giâm_koaⁿ_hú_chhuh_kāu_chhat	

　　例句「嚴官府出厚賊」的「出」是述語動詞，「賊」是賓語名詞，而「厚」則是形容詞，用來修飾「賊」這個賓語名詞的狀態。這一例句日本翻譯為「嚴正ナ官府多ク賊を出ス」，在此有動詞的位置與漢字使用習慣的問題，有關動詞的位置，臺灣語的動詞「出」擺在名詞「厚賊」的前方，而日本語的動詞「出ス」則置於名詞「多ク賊」的後方，日本人在學習時必須轉變平時用語的習慣，才能克服這項困境。

（四）看　戲

表 5-3-9：述賓式複合動詞「看戲」舉例

問	【漢字】昨昏暗恁有去看戲無	
	【日譯】昨夜、皆さんは演劇を見物に行かれましたか	
	【中譯】昨天晚上你們有沒有去看戲	
	【日音】	
	サア｜_フン◖_アム◗、リヌ✓_ウウ◗_ク・ウ✓_コ・ア◗ ヒイ◗_ボヲ◖	
	【羅音】cha7_hun7_am3、lin2_u3_khu2_khoann2_hi3_bo5； 　　　　chā_hūn_àm、lín_ù_khú_khóaⁿ_hì_bô	
答	【漢字】無喇、阮無去看	
	【日譯】いいえ、私共は見物に行きませんでした	
	【中譯】沒有啦、我們沒有去看	
	【日音】ボヲ◖_ラァ✓、グン✓_ボヲ◗_ク・ウ✓_コ・ア◗	
	【羅音】bo5_lah4、gun2_bo3_khu2_khoann3；bô_lah、gún_bò_khú_khòaⁿ	

　　例句「昨昏暗恁有去看戲無」這個語法架構，「看戲」是述賓式複合動詞，但是從「看戲」的詞語本身看不出時間性，因此必須再加上一個「時間副詞」來補充說明此事件發生的時間點，因此在句首用「昨昏暗」來表示。整個句子除了「昨昏暗」之外，並無任何代表「過去式」的動詞形態或語彙，「看戲」本身可代表過去、現在、未來等任何時態。在回答的句子「我們沒有去看」的語法架構中，由於省略了「昨昏暗」的時間性，更是

無法辨識其中所代表的時態。以日本語來說，則透過動詞時態的變化就能明顯地辨別出來，例句中的問句「去看」這個動詞相當於日本語的「見物にいきました」，而「無去看」則相當於日本語的「見物に行きませんでした」。對於臺灣人來說，在學習日本語時，動詞與助詞的各種變化是最複雜而棘手的，這是學習日本語的最大困境之一，也就是語法上「由簡入繁」的困境。相反地，日本人學習臺灣語時，正因為臺灣語的動詞缺乏時態的種種變化形式，而讓日本人難以辨識而無所適從，這也就是「由繁入簡」而產生的困境。

（五）起　身

表 5-3-10：述賓式複合動詞「起身」舉例

問	【漢字】下晡伊幾點要起身、汝知不	
	【日譯】午後、彼は何時に出發するか。御存じでせうね	
	【中譯】下午幾點要出發，你知道嗎	
	【日音】エエ｜ポオ＿イイ＿クイ￣チァム／＿ベェ＿キ・イ＿シヌ＿、ルウ／＿サイ＿ムウ	
	【羅音】e3_poo1_i1_kui1_tiam2_be1_khi1_sin1、ru2_chainn1_mu3；è_poo_i_kui_tiám_be_khi_sin、rú_chaiⁿ_mù	
答	【漢字】我都無聽見、攏不知	
	【日譯】一寸も聽いて居らないので何もよく存じません	
	【中譯】我都沒聽見，都不知道	
	【日音】ゴア／＿トオ｜＿ボヲ｜＿チァ＿キイ、ロン＿ムウ＿サイ	
	【羅音】goa2_too7_bo3_thiann1_kinn3、long1_mu3_chainn；góa_tōo_bò_thiaⁿ_kìⁿ、long_mù_chaiⁿ	

　　臺灣語「伊幾點要起身」的「起身」這個詞，相當於日本語「出發する」的用法，單純從字面上來判斷的話，會誤以為是「起床」或「站起來」的意思，因為日本語「起きます」的動詞用法，單獨使用時代表「站起來」、「醒著」等意思，而與其他字彙連用時則有「起床」、「起伏」、「起源」、「起居」……等用法，無論是動詞單獨使用或是與其他字彙連用，都沒有「出發」的意思存在，因此容易造成學習上的困惑。

（六）趁　錢

表 5-3-11：述賓式複合動詞「趁錢」舉例

【漢字】	趁無正經錢即被人罰
【日譯】	不正ナ金を儲ケタノデ罰セラレタ
【中譯】	因爲賺取不正當的錢才會受罰
【日音】	タ・ヌ゜ボヲ_チエン／_キエン_チイ_チア！ホオ｜ラン_ホアッ
【羅音】	than3_bo5_cheng3_keng1_chinn5_chiah4_hoo5_lang5_hoat8； thàn_bô_chèng_keng_chîⁿ_chiah_hôo_lâng_hȯat

　　臺灣語「都是…不即」或「都是…即」的語法結構，分別位於兩個句子的句首，但是在日本語的語法結構則是位於句尾，說成「……ノデ」，這種語法組合的順序也會造成臺灣語學習的困境。

（七）冤　家

表 5-3-12：述賓式複合動詞「冤家」舉例

	【漢字】	伊危々在要冤家咧
	【日譯】	彼等ハスンデノコト二喧嘩をスル所デシタ
在要	【中譯】	他們就快要吵架了
	【日音】	イヌ_ヒアム／_ヒアム／_テエ！_ベエ！_ヲアン_ケエ_レエ！
	【羅音】	in1_hiam2_hiam2_eh4_beh4_oan1_ke1_leh4； in_hiám_hiám_eh_beh_oan_ke_leh

　　首先看「危々」這個用來修飾「冤家」的副詞，書中的日本音拼成「ヒアム／_ヒアム／」，相當於羅馬拼音「hiam2_hiam2 ；hiám_hiám」的音，但是「危」這個漢字應該拼成「gui5；ûi」的音，如果要發出「hiam2_hiam2 ；hiám_hiám」的發音，則應該選用「險々」這個詞彙，不僅拼音與漢字相符而且也具備了「差一點」、「快要」的意義成分。

　　接著看例句「危々在要冤家」的「冤家」是述賓式複合動詞，這個詞彙在這裏當動詞使用，但是有時也可以當做名詞使用，例如「冤家變親家」，「冤家」爲對應「親家」的名詞。在日本語詞彙中，會利用字根或字形的不同，來做詞類的判斷，例如「帰り」的字尾是「り」，由此判斷出它是屬於名詞，可以造句如「今日は帰りガ遅いと思い」，也就是「我想今天回家會晚一點」

的意思；而「帰る」的字尾是「る」，由此判斷出它是屬於動詞，可以造句如「毎日七時に家へ帰る」，也就是「每天七點回家」的意思。反觀臺灣語同一個詞彙，並沒有改變任何字形，既可當動詞，又可當名詞，對日本人來說是十分棘手的問題，會造成學習上的困境。

三、述補式複合動詞

所謂「述補式複合動詞」就是由述語動詞與其補語動詞或形容詞（V＋V）、（V＋A）所構成的語法，在詞彙結構上，由於補語動詞或形容詞出現在動詞後面，因此形成「中心語在左端」﹝註10﹞的詞彙結構。在此舉出「返去」、「出去」、「算數」、「寫好」等例子，分別說明如下：

（一）返　去

表 5-3-13：述補式複合動詞「返去」舉例

問	【漢字】汝何時要返去
	【日譯】あなたはいつお帰りますか
	【中譯】你甚麼時候要回去
	【日音】ルウ╱＿チィ┐＿シィ╱＿ベエ┐＿ツン╽＿ク・ウ╲
	【羅音】lu2_tih4_si5_beh8_tng7_khu3：lú_tih_sî_beh_tng_khù
答	【漢字】打算後日要返去
	【日譯】明後日歸らうと思つて居ります
	【中譯】預定後天要回去
	【日音】パ・ア┐＿スン╽＿アウ╽＿ジツ╱＿ベエ┐＿ツン╽＿ク・ウ╲
	【羅音】pah8_sng3_ao7_zit4_beh8_tng7_khu3；pàh_sǹg_āo_zit_beh_tng_khù

臺灣語「返去」是動詞述語加上動詞補語（V＋V）所構成的述補式複合動詞，由於「返」與「去」是兩個意義相反的動詞，「返」是表「由他地往此地移動」，而「去」則是表「由此地往他地移動」的意思，因此又可以稱之為「反義述補式複合動詞」。例句「打算……要返去」這個詞在書中翻譯成日本語的「歸らうと思つて居ります」，在這裏的「歸らう」是屬於「舊五十音」的用法，相當於現代日本語「新五十音」的「帰ろう」，表示未來即將要進行

﹝註10﹞　張淑敏〈爲閩南語動詞試定界說〉，載自黃宣範編《第二屆台灣語言國際研討會論文選集》，頁 250，文鶴出版有限公司，1998 年 8 月。

的動作或想法，也就是「未來式」的時態用法。而臺灣語的用法則是「打算後日要返去」，除了「後日」代表時間性之外，動詞「返去」本身並沒有時態的變化，很難從語法架構去進行辨識，而造成學習上的困境。

（二）出　去

表 5-3-14：述補式複合動詞「出去」舉例

【漢字】我此滿適々在要出去
【日譯】わたしは今丁度外出しようとする所です
【中譯】我現在恰好正要出去
【日音】ゴア╱_チッ╲_モア6_ツウ_ツウ_チッ╲_ベエ╱_ッ・ツ╲ク・ウ╲
【羅音】goa2_chit8_moa2_tu1_tu1_tit8_be2_chhut4_khu3； 　　　góa_chit_móa_tu_tu_tit_bé_chhut_khù

　　臺灣語「出去」是動詞述語加上動詞補語（V＋V）所構成的述補式複合動詞，由於「出」與「去」是兩個意義相類似的動詞，都表示「由此地往他地移動」的意思，因此又可以稱之爲「同義述補式複合動詞」。臺灣語「在要」的語法，表示「即將進行」或「快要進行」的動作狀態，相當於日本語的「しようとする所」，以語法結構來看，臺灣語從簡，而日本語偏繁，因此也是「由繁入簡」的困境。

（三）算　數

表 5-3-15：述補式複合動詞「算數」舉例

問	【漢字】恁頭家在創甚貨
	【日譯】あなたの御主人は何をして居られますか
	【中譯】你們老闆在做甚麼
	【日音】リヌ_タ・ウ╲_ヶエ_チイ_ゾ・ン╱_シァ6_ヘエ╲
	【羅音】lin1_thau7_ke1_chi1_chhong2_siann1_he3； lin_thāu_ke_chi_chhóng_siaⁿ_hè
答	【漢字】阮頭家在算數
	【日譯】私の主人は金の勘定をして居られます
	【中譯】我們老闆在記帳

【日音】	グヌ_タ・ウ＼_ケエ_チイ_スン／_シアウ＼
【羅音】	gun1_ thau7_ ke1_ chi1_ sng2_ siau3；gun_ thāu_ ke_ chi_ sńg_ siàu

　　臺灣語「算數」是動詞述語加上動詞補語（V＋V）所構成的述補式複合動詞，而其中的「在」是表「現在正在進行」的時間副詞，與「在何位」的「在」字表空間副詞是不同的。例句「在創甚貨」以及「在算數」的語法代表正在進行中的事情與動作，也就是「現在進行式」的時態用法，相當於日本語的「しています」，書中所譯的「して居られます」是屬於尊敬的語氣用法。以語法結構來看，臺灣語對於現在進行式的表達，只用了一個「在」的詞彙，而日本語則是運用動詞的變化來分辨，這也是「由繁入簡」的困境。

　　（四）寫　好

表 5-3-16：述補式複合動詞「寫好」舉例

要好喇	【漢字】	寫在要好喇
	【日譯】	出來カカッテキマス
	【中譯】	快寫好了
	【日音】	シァ／_テエ!_ベエ!ホヲ／_ラァ!
	【羅音】	sia2_ teh4_ beh4_ ho2_ lah4；siá_ teh_ beh_ hó_ lah
要好喇	【漢字】	適々在要好喇
	【日譯】	丁度出來カカッテキマス
	【中譯】	就快要好了
	【日音】	ツウ／_ツウ／_テエ!_ベエ!ホヲ／_ラァ!
	【羅音】	tu2_ tu2_ teh4_ beh4_ ho2_ lah4；tú_ tú_ teh_ beh_ hó_ lah

　　臺灣語「寫好」是動詞述語加上動詞形容詞（V＋A）所構成的述補式複合動詞，位於動詞後面的「好」字是用來形容動詞的狀態。例句「寫在要好喇」與「適々在要好喇」這兩個語詞說起來有一點不太順暢，如果是臺灣語的日常會話應該會在「喇」的前面加上一個「啊」字，變成「寫在要好啊喇」以及「適々在要好啊喇」用來加強語氣的作用，類似於日本語的語尾助詞「よね」的用法。但是日本語在使用「よね」的時候，語氣是委婉溫順的，而臺灣語「啊喇」的語尾助詞則有一點不耐煩的意味與傾向，這是日本人所不太能理解的地方，也是造成學習困境的因素。

綜觀本節動詞語法的問題，臺灣語與日本語之間，有關動詞語法最大的差異性有兩個：首先是動詞位置的問題，日本語習慣將動詞擺在句尾，並能顯示出過去、現在、未來、進行等時間性；而臺灣語的動詞則不一定擺在句尾，而且無法由動詞中顯示時間性，必須還要透過「這陣」、「昨昏」、「明仔在」等時間副詞，才能表達時間性的意味。其次是動詞字形的判斷，日本語可以透過字尾來判斷，可以做爲動詞語尾的有下列五種形式：第五段、上一段、下一段、「サ」行、「カ」行，例如五段的「る」、「す」、「く」、「む」、「ぶ」、「ぬ」、「ぐ」、「う」；「サ」行的「する」；「カ」行的「くる」等都是動詞的語尾形式，反觀臺灣語則沒有任何可資判斷的字形，雖然是簡單了許多，但也正由於其過簡，因此對於日本人來說，反而會造成許多學習上的困境。

第四節　語法小結

任何不同國家的語言系統，一定存在著不同的語法規則，因此臺日兩種語言的語法規則當然也不一樣，本節在前文的分析基礎之下，將臺日語法的差異性做出結論如下：

一、動詞語法

（一）動詞位置

臺灣語的動詞位置通常擺在受詞的前方，而日本語的動詞位置則是在受詞的後方，例如「落雨」一詞，動詞「落」位於受詞「雨」的前方，對應日本語則爲「雨ガ降ります」，動詞「降ります」在「雨」的後方，並且加上一個助詞「ガ」，用來強調「雨」的出現，因爲「下雨」是屬於自然現象，並非人爲意志所能控制的動作，所以用「ガ」來強調「雨」的自然主體性。如果是出自於人爲意志的動作，例如「喫飯」一詞，對應日本語是「ご飯を食べます」，動詞「食べます」依然擺在受詞「飯」的後方，但助詞則改變爲「を」，用來強調「食べます」這個動作的意志性，這裏所強調的就不是「飯」的存在或出現了，這是助詞「ガ」與「を」最大的不同。

（二）動詞時態

日本語的動詞時態劃分的很清楚，從字面上就可以判斷出過去、現在與未來的不同時態，而臺灣語動詞本身並沒有時態的區分，必須透過「時間副

詞」來表示，例如「昨昏暗恁有去看戲無」，「看戲」本身看不出時間性，因此必須再加上一個「時間副詞」，也就是「昨昏暗」才能看出這是過去式。日本語動詞本身的字形是變化多端的，以時態來說這個「看」字，現在式為「見る」；過去式為「見た」；現在進行式為「見ていた」；過去進行式為「見ている」等。對於臺灣人來說，在學習日本語時，動詞與助詞的各種變化是最複雜而棘手的，也就是語法上「由簡入繁」的困境。相反地，日本人學習臺灣語時，正因為臺灣語的動詞缺乏時態的種種變化形式，而讓日本人難以辨識而無所適從，這也就是「由繁入簡」而產生的困境。

（三）動詞形式

日本語經常會透過字形的變化，來呈現詞性的類別，顯得繁瑣而困難；相反地，臺灣語則是以相同的漢字，表現出各種不同的意義與詞性，相較於日本語，就顯得簡易而單純。例如臺灣語「冤家」一詞，可以擔任動詞的意思，但是當「冤家變親家」時，則變成名詞的用法。

綜觀上述動詞語法的問題，臺灣語與日本語之間，最大的差異性有三項：首先是「動詞位置」的問題，日本語習慣將動詞擺在句尾；而臺灣語則是置於前方。

其次是「時態變化」的問題，日本語動詞本身，就能顯示出過去、現在、未來、進行等時間性；而臺灣語的動詞沒有顯示時間性，必須還要透過「這陣」、「昨昏」、「明仔在」等時間副詞，才能表達時間性的意味。其三是動詞字形的變化，日本語可以透過字尾來判斷，可以做為動詞語尾的有下列五種形式：第五段、上一段、下一段、「サ」行、「カ」行，例如五段的「る」、「す」、「く」、「む」、「ぶ」、「ぬ」、「ぐ」、「う」；「サ」行的「する」；「カ」行的「くる」等都是動詞的語尾形式，反觀臺灣語則沒有任何可資判斷的字形。

二、「著」字句

臺灣語「著」字句，可以用來表現「命令語」、「花費」、「正確」、「罹患」、「有……到」等五種用法，分別敘述如下：

（一）命令語

臺灣語「着掃門口」的「着」字，是傳達一種必須執行的任務或職責，相當於日本語「ナサイ」的命令語。

（二）花　費

臺灣語「到彼着幾日久」的「着」字，用來表示時間的花費；「着若多錢」的「着」字，則是代表金錢上的花費，兩個「着」字，都相當於日本語「カカリマス」的用法。

（三）正　確

臺灣語「寫如此着不」的「着」字，用來表示「正確」的意思，相當於日本語「間違イナイ」；相反地，臺灣語「不着」則是不正確的意思，相當於日本語「間違ウ」的用法。

（四）罹　患

臺灣語「着甚麼病」的「着」字，表示罹患疾病的意思，相當於日本語「罹リマス」的用法，而過去式即爲「罹リマシタ」。

（五）有……到

臺灣語「食有着」的「着」字，表示「已經吃到了這個食物」，所以日本語翻譯使用過去式「食べマシタ」；而「食無着」則是「沒有吃到這個食物」，日本語翻譯使用現在式「食べマセン」；「拿能着」是「可以成功地抓到」，翻譯成日本語爲「捕ウ」動詞，再加上表示「可以」的「ラレマス」，變成「捕ヘラレマス」的動詞連用形。

總觀上述臺灣語「着」的五種用法，包括必須達成的命令語、時間與金錢的花費、罹患疾病、正確、完成等意思，一個漢字同時具足這麼豐富的意思，也就是說在這麼多豐富的意思當中，臺灣語只要用一個「着」字就能完整地表達。反觀日本語卻要使用許多詞彙來表示這些不同的意思，對於日本人來說，在這些不同的日本語詞彙中，竟然都可以對應臺灣語的「着」字，是一種「由簡至繁」的學習狀況。

三、「共」字句

（一）共同存在語

臺灣語「有共伊參商無」的「共」字，代表本人與對方共同存在，並且同時進行某件事的狀態，也就是「和他商量」的意思。在這個句子裏的「共」字，相當於日本語「ニ」的助詞用法，整句話可以翻譯爲「彼ニ相談シマシタカ」的日本語句子。

（二）施與對方動作

臺灣語「共伊打」的「共」字，用來表示本人施與對方的某個動作，在日本語中，爲了強調動作時，會以「を」助詞來輔助說明。臺灣語「共伊打」就是「打他」的意思，重點放在「打」這個施與的動作，翻譯成日本語時，大約可以對應「彼を毆リマシタ」句子。

（三）來源語

臺灣語「此間厝共伊典的是不」的「共」字，主要表現從某一點而得來的來源用語，「共伊典的」就是「向他租的」或「跟他租的」意思。當日本語要表示來源語時，會以「カラ」來做事件的起點或開端，整句話可以翻譯爲日本語「彼カラ抵當二取ッタノデス」。

綜觀上述有關「共」字的三種用法，「共伊打」相當於日本語「彼を毆リマシタ」，對應「を」的助詞；「共伊參商」相當於日本語「彼二相談シマシタカ」，對應「二」的助詞；「共伊典的」相當於日本語「彼カラ抵當二取ッタ」，對應「カラ」的詞。臺灣語一個「共」字，可以對應三種不同的日本語用法，不就是「由繁入簡」的學習狀況嗎？

四、「敢」問句

（一）疑　惑

臺灣語「汝敢能曉聽客話乎」的「敢」字，相當於本語「でしようね」的疑惑用語。又如「五歲囝仔敢着車單」的「敢」字，代表一種疑惑的感覺，可以替代疑問句的用法，同時也傳達出「需要嗎」的意思，因此對應日本語時，必須同時使用「疑問詞」的「カ」，以及表示「要」的「イリマス」，連結成「乘車券ハイリマスカ」的語法。

（二）推　測

臺灣語「明阿再敢能落雨」的「敢」字，代表一種推測的語法，相當於日本語的語尾詞「ダラウ」，接續在動詞原形「降ル」的後方，而臺灣語只用一個「敢」字，就表達了這種推測的意思。

（三）勇　氣

臺灣語「敢……無」的用法，例如「汝敢擔當無」，用來表示有沒有勇氣承擔的疑問句，接續於「擔當」的前方，相當於日本語「キリマス」表示十

分堅定的語法，接續於「擔當」的後方，而變成「擔當シキリマス」的語法。

綜觀臺灣語「敢」的三種語法，分別用來表示「疑惑」、「推測」「勇氣」的用法，對應於日本語則分別是「イリマスカ」、「ダラウ」、「キリマス」的語法，日本語在使用三種不同語法時，分別用各種不同的詞彙來表示其語意，因此容易辨別不同的語法，但是臺灣語卻全部都使用一個「敢」的漢字，會讓日本人無所適從而產生學習上的困境。

第六章　析論日本人學習臺語困境

　　本章擬將臺灣日治時代日本人學習臺灣語的諸多困境做一回顧與總論，並且試著尋求解決之道，希望能做為日後語言教學參考的借鏡，而在將全文的語言困境做一概括的析論之前，先將警察體系的《臺灣語教科書》與師範體系的《新編臺灣語教科書》進行比較對照的工作，了解兩種版本在拼音、漢字、翻譯等語言問題上，所產生的一些相同處、相異處與矛盾處，希望做為將來編寫語文教學教材的參考。

第一節　警察與師範體系臺語教科書比較

　　將警察所與師範學校所使用的臺灣語教科書的內容做了分析之後，本節擬以這兩本教科書為範本，來代表當時警察體系與師範體系的臺灣語學習狀況，並將這兩種體系的教科書進行比較，如此則可大致了解臺灣日治時代的臺灣語學習情形。因為當時最急迫須要學習臺灣語的日本人，就是與民眾最具有密切關係的警察，以及將來要從事教學工作而在師範學校接受教育的人，當一個日本老師面對臺灣學生時，如果連最基本的臺灣語都不了解的話，就無法順利地從事教育工作，因此日本警察與教師可以說是臺灣日治時代學習臺灣語的日本人代表。本節準備從「拼音」、「漢字」、「翻譯」等幾個項目來進行分析與比較，將這兩種體系所編制的臺灣語教材進行比較之後，就可以了解當時日本人學習臺灣語時，所面臨的一些困境。

一、拼　音

（一）鼻　音

　　警察體系的教科書對於臺灣語鼻音做了詳盡的分類，一共分爲純鼻音、前鼻音、父音鼻音、寬鼻音四種加以介紹，而寬鼻音隨著口腔與鼻腔所發出的聲音之不同，又分爲舌尖抵住上顎的「n」音、由舌根發出的「ng」音、閉唇的「m」音三種，這三種鼻音分別對應日本語五十音符號的「ヌ（n）」、「ン（ng）」、「ム（m）」等三種。事實上，日本語五十音的拼音系統中，除了「ン」這個符號可以對應臺灣語的「ng」鼻音之外，並沒有「n」與「m」的發音方式，爲了對應臺灣語特殊的鼻音，才利用另外兩個符號來強加附和，雖然有一些不太吻合之處，但是當這個符號的使用成爲眾所周知的習慣用法之後，一旦約定俗成就不會有什麼問題了。

　　相較於警察體系的教科書，師範學校的教科書對於鼻音的介紹只介紹了六個例句，分別是「怎樣」、「サィ♭-ィウ♭」、「choann2-iunn7；chóaⁿ-iūⁿ」；「驚々」、「キァ♭-キァ♭」、「kiann1- kiann1；kiaⁿ- kiaⁿ」；「官廳」、「ァ♭-チ．ァ♭」、「koann1-thiann1；koaⁿ-thiaⁿ」；「定錢」、「チァ♭-チィ◌」、「iann7-chinn5；tiāⁿ-chîⁿ」；「看天」、「コ．ァ◌-チ．ィ」、「khoann3-thinn1；khòaⁿ-thiⁿ」；「飯碗」、「png7-oann2；pn̄g-óaⁿ」、「プン◌-ヲァ♭」；「甚麼」、「シァ-ミィ◌」、「sann3-mihnn4；sàⁿ-mihⁿ」等鼻音練習。在前述例句中，大多只有純鼻音的介紹，只有「飯」一個漢字是屬於舌根鼻音的「ng」音，至於舌尖鼻音的「n」與閉唇鼻音的「m」則沒有予以介紹。相較於警察體系的教科書，警察體系對於臺灣語的鼻音介紹，不僅分類詳明，而且將每一種類的鼻音詳加解釋並舉例句練習，讓學習者能夠掌握臺灣語獨特的鼻音。

（二）促　音

　　警察體系的教科書中，關於臺灣語促音的部分，分爲舌根促音、舌頭促音、合唇促音、母音促音等四種來做介紹，分別利用日本語五十音清音中的「ク」來對應臺灣語語尾「k」的舌根促音；利用日本語五十音清音中的「ッ」來對應臺灣語語尾「t」的舌尖促音；利用日本語五十音清音中的「プ」來對應臺灣語語尾「p」的合唇促音；至於母音促音的發音方式，由於它與舌頭、舌尖、舌根等發音部位完全無關，因此日本語五十音的發音系統中也找不到任何可以對應的符號，而僅能利用聲調系統來顯示促音的發音方式，也就是第4聲調的促音用「┏」來代表，而第8聲調的促音則用「┓」來表示。

　　師範學校的教科書在鼻音方面，也和警察體系的介紹方式一樣，並沒有將三個種類的促音予以分類說明，而只是夾雜羅列出八個例字而已。以語尾「h」的舌頭促音來說，分別有「打；パ.ア✦」字，相當於羅馬拼音的「Phah4；Phah」；「滴」字，相當於羅馬拼音的「tih4；tih」；「白」字，相當於羅馬拼音的「peh8；Pėh」；「落」字，相當於羅馬拼音的「loh8；lòh」等。以語尾「t」的舌尖促音來說，分別有「突」字，相當於羅馬拼音的「tut8；tùt」；「察」字，相當於羅馬拼音的「chhat4；chhat」等。以「k」的舌根促音來說，只有「約」字，相當於羅馬拼音的「iok4；iok」。以「p」的合唇促音來說，只有「雜」字，相當於羅馬拼音的「chap8；chàp」。如此一來，相較於警察體系的詳細分類與說明，師範體系的教科書將四種不同種類的促音全部夾雜羅列，學習者很不容易分辨其間的一些差異性。

（三）聲　調

　　警察體系的教科書在聲調的部分，自始至終都是以「本調」為注記標準，臺灣語號稱有八個聲調，但是除去第 2 聲調與第 6 聲調同樣屬於「上聲調」之外，其實一共只有七個聲調。當兩個以上的語彙串聯成一個句子時，依據臺灣語的語音習慣必須要變調，而一般的變調有一定的規則可尋，但是這個變調的規則是用於對話的時候，在書寫注記時並不會受到變調的影響，依然是依據「本調」做為注記的標準。這樣的注記方式有其優缺點，優點是學習者可以掌握固定的聲調，不會造成混亂的情況；而其缺點是當處於會話的情境時，必須要靠自己對於變調規則的熟練度，去進行各種複雜的變調方式，這絕非一朝一夕可得，必須長期累積經驗與學養才能掌握。

　　除了普通轉調之外，有關臺灣語特殊的轉調，在教科書中也特別提出來說明，但是書中所呈現的只有兩大類特殊轉調，一種是轉調成第 4 聲調的上入調，例如「拾起來」一詞，本調是「khioh4_khi2_lai5；khioh_khí_lâi」，依據普通轉調的規則應該變為「khioh8_khi1_lai5；khiòh_khi_lâi」，但是特殊轉調就有不同的變調情形而成為「khioh4_khi4_lai3；khioh_khi_lài」。另一種是轉調成第 1 聲調的上平調，種情形發生於稱呼人名或店名等情形的時候，利用上去調做為開頭的字，則會將上去調轉變為上平調。例如「印仔」一詞，本調是「in3_a2；ìn_á」，依據普通轉調的規則應該變為「in2_a2；ín_á」，但是特殊轉調卻成為「in1_a2；in_á」，打破了原有的轉調規則。

　　師範學校所編制的教科書在聲調的注記部分，看起來似乎是以「變調」

為標準來注記，但有時卻夾雜著「本調」的注記方式。以「變調」為標準的例句有「怎樣」，注記為「サィｂ-ィウｈ」，相當於臺灣語羅馬拼音的「choann1-iunn7；Choaⁿ-iūⁿ」，「怎」字由第 2 聲調轉變為第 1 聲調；「官廳」注記為「コァｈ-チ．ァｂ」，相當於臺灣語羅馬拼音的「Koann7-thiann1；Kōaⁿ-thiaⁿ」，「官」字由第 1 聲調轉變為第 7 聲調；「飯碗」注記為「プン⌒-ヲァｂ」，相當於臺灣語羅馬拼音的「Png3-oann2」，「飯」字由第 7 聲調轉變為第 3 聲調。而以「本調」為標準的例句則有「驚々」，注記為「キァｈ-キァｈ」，相當於臺灣語羅馬拼音的「kiann1- kiann1；kiaⁿ- kiaⁿ」；「定錢」注記為「チァｈ-チィＸ」，相當於臺灣語羅馬拼音的「tiann7-chinn5；tiāⁿ-chîⁿ」；「看天」注記為「コ．ァ⌒-チ．ィ」，相當於臺灣語羅馬拼音的「khoann3-thinn1；khòaⁿ-thiⁿ」。如此一來容易導致學習者無所適從。

又如「拋漫却是眞拋漫，不拘我攏無欲及伊計較」這個例句，首先「拋漫」的「拋」字應該是「拗」字的誤記，書中的日本語注記為「アウ_バヌ◖_キ．オク◖_シィ◖_チヌ_アウ_バヌ◖、ムウ⌒_クウＸ_ゴアＸ_ロン_ボヲ◗_アイＸ_かア◖_イィ◖_ケエＸ_カウ◗」，相當於羅馬拼音「au1_ban5_khiok4_si7_chin7_au1_ban5，mu3_ku2_goa2_long1-bo5_ai2_kah4_i7_ke2_kau3；au_bân_ khiok_sī_chīn_ au_bân，mù_kú_góa_long-bô_ái_kah_ī_ké_kàu」，其中的拼音大部分是採取「變調」的規則來注記，但是也有夾雜「本調」的地方，例如「是」字注記為「シィ◖」，相當於羅馬拼音「si7；sī」，這個漢字的本調原來就是第 7 聲調，既然教科書的聲調注記是依據變調規則，就應該將這個字注記為「si3；sì」的第 3 聲調。還有「及」字注記為「かア◖」，相當於羅馬拼音「kah4；kah」，這個漢字的本調原來就是第 4 聲調，應該將這個字注記為「kah8；kàh」的第 8 聲調，才能達到前後一致的聲調注記標準。

（四）文白音

有關白音與文音的問題，由於臺灣語的語音對於同一個漢字往往有白話音與文言音的分別，警察體系的發音有時會有趨向於文言音的情形，與日常會話有所不同。例如「號」這個漢字的發音方式，即有白話音與文言音之分，如果是文音拼為「ho7；hō」的發音，有幾種用法：其一、表示「號碼」，例如「第三號」拼為「te7_sann1_ho7；tē_saⁿ_ hō」的發音。其二、表示「取名字」的「取」動詞用法，例如「號名」，拼為「ho7_miann5；hō_miâⁿ」。其三、表示名詞的「名字」，例如「店號」，拼為「tiam3_ ho7；tiàm_ hō」。其四、表示「種類」，例如

「彼號人」，拼爲「hit4_ho7_lang5；hit_hō_lâng」。如果是白音則拼爲「lo7；lō」的發音，只有一種用法，那就是最典型的「彼號人」，拼爲「hit4_lo7_lang5；hit_lō_lâng」。警察體系所發行的教科書卻將「彼號人」拼做「hit4_ho7_lang5；hit_hō_lâng」的文言發音，而師範體系的教科書則比較傾向於「hit4_lo7」的白話音。現在先將警察體系的教科書拼音符號列表如下：

表 6-1-1：警察體系「此號」拼音舉例

問	【漢字】此號不是書是甚貨
	【日譯】コレハ書物デナクテ何デスカ
	【中譯】這不是書是甚麼呢
	【日音】チッ_ホヲ｜_ムｂ_シィ｜_ッウ_シィ｜_シア6_ヘエ｜
	【羅音】chit4_ho7_m7_si7_chu1_si7_siann2_he3；chit_hō_m̄_sī_chu_sī_siáⁿ_hè
答	【漢字】彼號是簿仔
	【日譯】ソレハ帳面デス
	【中譯】那是簿子
	【日音】ヒッ_ホヲ｜_シィ｜_ポ・オ｜_ァ
	【羅音】hit4_ho7_si7_phoo7_a2；hit hō_sī_phōo_á

例句「彼號」一詞，警察體系的書注記爲「チッ_ホヲ｜」與「ヒッ_ホヲ｜」，相當於羅馬拼音「chit4_ho7；chit_hō」與「hit4_ho7；hit hō」的音。反觀師範學校的例句，列表呈現入下：

表 6-1-2：師範體系「此號」拼音舉例

【漢字】此號是不是書
【日譯】コレハ書デスカ
【中譯】這是不是書呢
【日音】チッ_ロヲ｜_シィ｜_ムｂ_シィ｜_ツウ
【羅音】chit4_lo7_si7_m7_si7_chu1；chit_lō_sī_m̄_sī_chu

由上表可以看出「此號」一詞，書中將它拼爲「chit4_lo7」的白話音，相較於警察體系來看，師範學校的拼音標準，比較傾向於日常生活所使用的「白

話音」，例如「彼號是時錶仔是不」句子中的「號」字，警察體系的注記是「ヒ
ッ｜_ホヲ｜」，相當於羅馬拼音「hit4_ho7」的文音讀法；而師範學校的注記符
號則為「ヒッ╲_ロヲ｜」的白音讀法，相當於臺灣語羅馬拼音「hit8_lo7；hit_
lō」的發音。很顯然地師範學校的拼音標準比較傾向於日常會話的語音，讓學
習者容易運用於日常生活之中。

（五）漳泉音

臺灣語由於地域性的分別，產生了一些語音上的不同，在眾多次方言中，
以漳州音與泉州音為最大宗，流行最廣也最普遍，影響臺灣語音最深遠。同
一個漢字往往會有漳州音與泉州音的區別。一般而言，警察體系的教科書大
多有拼成「漳州音」的趨向，相對地，師範體系則比較傾向於泉州音。現在
將兩種體系的教科書，列表分析如下：

1. 汝

6-1-3：警察體系「汝」字例句

【漢字】汝欲自己做生理、也是食頭路
【日譯】君は獨力で商業を營むか、或は奉職せられますか
【中譯】你想要自己做生意，還是到別人的公司工作
【日音】リィ╱_アイ╱_カア｜_キィ｜_ヱヱ╱_シエン｜_リィ╱、 イア_シイ╲_チア╲_タ・ウ╲_ロォ｜
【羅音】li2_ai2_ka7_ki7_choe2_seng7_ri2、ia1_si3_chia3_thau3_loo7； 　　rú_ái_kā_kī_chóe_sēng_rí、ia_sì_chià_thàu_lōo

．　　上表所列的「汝」字，警察體系教科書拼注為「リィ╱」，相當於羅馬拼
音「li2；lí」的「漳州音」。

6-1-4：師範體系「汝」字例句

【漢字】汝識伊無
【日譯】君ハ彼を識ッテキマスカ
【中譯】你認識他嗎
【日音】リウ╱_バツ｜_ィ_ボヲ⌒
【羅音】lu2_bat4_i1_bo5；lí_bat_i_bô

　　由上表可以看出師範體系比較傾向於「lu2」的泉州音，然而，師範學校的教材有時會出現漳州音與泉州音夾雜的混亂情形，例如「去」這個漢字，漳州音拼成「キ・イ」，相當於羅馬拼音「khi3；khì」的音；而泉州音則拼成「ク・ウ」，相當於羅馬拼音「khu3；khù」的發音。綜觀師範學校的教科書內容，對於例句「做汝先返去」的「去」字，有時是以「khu3；khù」的泉州音的標準來做注記，但有時卻注記成「khi3；khì」的漳州音發音，雖然兩者都可以相通，但既然是同一本教科書當中，使用的拼音標準應該前後一致，才不會讓學習者產生混亂感而無所適從。

　　2. 鷄

表 6-1-5：警察體系「鷄」字例句

【漢字】鷄卵密々亦有縫
【日譯】惡事ハ幾何程內密ニシテモ露レル
【中譯】法網恢恢疏而不漏
【日音】ケエ＿ヌン　バツ　バツ　ィァ　ウ　パ・ン
【羅音】ke1_nng7_bat8_bat8_iann7_u7_phang7；ke_nñg_bạt_bạt_iāⁿ_ū_phāng

　　上列表格中「鷄」這個漢字，警察體系將它拼注為「ケエ」的念法，相當於羅馬拼音「ke1；ke」的音，傾向於漳州音的念法。

表 6-1-6：師範體系「鷄」字例句

【漢字】鷄卵密々亦有縫
【日譯】惡事ハ幾何程內密ニシテモ露レル
【中譯】法網恢恢疏而不漏
【日音】コエ＿ヌン　バツ　バツ　ィァ　ウ　パ・ン
【羅音】koe1_nng7_bat8_bat8_iann7_u7_phang7；koe_nñg_bạt_bạt_iāⁿ_ū_phāng

　　師範體系將「鷄」字拼成コエ」的音，相當於羅馬拼音「koe1；koe」發音，傾向於泉州音的念法。

3. 要

表 6-1-7：警察體系「要」字例句

	【漢字】要去不
問	【日譯】行キマスカ
	【中譯】要不要去
	【日音】ベエ↗ キ・イ↘ ムﾟ↗
	【羅音】beh4_khi3_m7；beh_khì_m̄
答	【漢字】不、不去
	【日譯】イイエ、行キマセン
	【中譯】不、不要去
	【日音】ムﾟ↘、ムﾟ↘ キ・イ↘
	【羅音】m7、m7_khi3；m̄、m̄_khì

　　警察體系將「要」字拼成「ベエ↗」，相當於羅馬拼音「beh4」發音，傾向於漳州音的念法。

表 6-1-8：師範體系「要」字例句

	【漢字】要去不
問	【日譯】行キマスカ
	【中譯】要不要去
	【日音】ブエ↗ キ・イ↘ ムﾟ↗
	【羅音】beh4_khi3_m7；beh_khì_m̄
答	【漢字】不、不去
	【日譯】イイエ、行キマセン
	【中譯】不、不要去
	【日音】ムﾟ↘、ムﾟ↘ キ・イ↘
	【羅音】m7、m7_khi3；m̄、m̄_khì

　　師範體系將「要」字拼成「ブエ↗」，相當於羅馬拼音「boeh4；boeh」的音，傾向於泉州音的念法。

（六）「甚」字韻尾變化

依據臺灣總督府《臺灣語教科書》的內容資料，有關「甚」字的韻尾發音，有兩種變化情形，列表呈現如下：

表 6-1-5：警察體系「甚」字舉例（1）

漢　字	巡查要創甚麼
日　譯	巡査ハ何をシテキマスか
中　譯	警察在做甚麼
日　音	スヌ サァ テエ ワ・ン シム ミィ
羅　音	sun5_cha1_te3_chhong3_sim2_mihnn；sûn_cha_tè_chhòng_sím_mi4

表 6-1-6：警察體系「甚」字舉例（2）

漢　字	此個票包仔是甚人的？
日　譯	この財布は誰のですか？
中　譯	這個皮包是誰的？
日　音	チィッ レエ ピイヲ パウ ア シイ シア ランヂ エ
羅　音	chit4-le5-pio3-pau1-a2-si7-sia2-lang5-e5；chit-lê-piò-pau-á-sī-siá-lâng-ê

由上列兩個表格可以看出「甚」這個疑問字，臺灣總督府《臺灣語教科書》有兩種注記符號，分別是「シム」（sim2）與「シア」（sia2），警察體系在處理「甚」這個漢字時，有一個規則可循，如果「甚」的後面接續的字是「麼」時，由於「麼」的聲母是閉唇音「m」，因此影響了「甚」的韻尾，也發出「m」的聲音。但是如果「甚」的後面接續的字並非閉唇音的聲母時，例如「甚人」的「人」字，此時「甚」的韻尾就會是「a」的發音。

以下再將師範學校《新選臺灣語教科書》有關「甚」字的發音，列表呈現如下予以對照與比較：

表 6-1-7：師範體系「甚」字舉例（1）

漢　字	汝要買甚麼貨？
日　譯	あなたは何をお買ひにならうとしていますか？

中　譯	你要買什麼東西？
日　音	ルウ✓_ベエ丶_ボエ丶_シアƄ_ミイロ_ヘエ↴
羅　音	lu2-beh8-boeh8-siann1-minn8-he3；lú-beh-boeh-siaⁿ-miⁿ-hè

表 6-1-8：師範體系「甚」字舉例（2）

漢　字	汝要值甚貨？
日　譯	あなたは何が御入用ですか？
中　譯	你要什麼東西？
日　音	ルウ✓_ベエ丶_チイ丶_シアƄ_ヘエ↴
羅　音	lu2-beh8-tih8-siann1- he3

　　由上列表格可以看出師範學校《新選臺灣語教科書》對於「甚」這個漢字的注記符號，無論在哪一種情情之下，都是發出「シアƄ」（siann1）的音，例如後面接「麼」的閉純音聲母，又如後方接「貨」的字，都是一樣的發音。在這裏可以看出它與警察體系的差異性有兩項，首先，它不會受到後方接續字的影響而有所變化，因此它的發音是呈現固定性的，不須考慮其他的規則；其次，警察體系兩種發音「シム✓」（sim2）與「シア✓」（sia2），聲調都是第 2 聲，而師範體系的聲調則為第 1 聲，而且帶有鼻音的成分。

二、漢　字

（一）「與」對應「及」

表 6-1-9：漢字對照（1）

警察體系	師範體系
「與」	「及」
拗漫却是眞拗漫，不拘我無欲與伊計較	拗漫却是眞拗漫，不拘我無欲及伊計較

　　以總督府的教科書來說，由於警察體系的拼音標準有時比較趨向於文言的發音，因此在使用漢字的時候，也多會選用文言的字彙，例如「拗漫却是眞拗漫，不拘我無欲與伊計較」的「與」字，存在著一些文言的意味。反觀

師範體系的教科書，同樣的例句中，「拗漫却是眞拗漫，不拘我無欲及伊計較」，書中所選用的漢字則是「及」這個漢字，如果以口語來做爲拼音標準的話，無論是「與」或是「及」都不太恰當，現代臺灣語大多習慣選用「佮」這個漢字。

（二）「妻」對應「某」

表 6-1-10：漢字對照（2）

警察體系	師範體系
妻	妻
伊娶妻尚未？	伊娶妻尚未？
娶妻娶無一年就生囝啊！	娶妻娶無一年就生囝啊！

　　以「妻」這個詞來說，臺灣語日常會話的使用習慣，應該以白話音的「某」來表達，無論是警察體系或是師範體系的教科書，卻都使用「妻」這個詞。例如「伊娶妻尚未」或是「娶妻娶無一年就生囝啊」這兩個例句，書中將「妻」這個漢字拼注爲「ボオ╱」，相當於羅馬拼音「boo2；bóo」的音，但是「妻」這個漢字，應該拼成「セ・エ」，相當於羅馬拼音的「chhe」，這是對應「妻」的文言音唸法，以日常會話來說，一般臺灣人不會說「妻」，而會說「某」，比較文雅的說法則是「牽手」等詞。從「妻」這個漢字的選用，一方面可以呼應前文所述，警察體系有使用文言音的傾向，另一方面也可以做爲與師範體系之間的比較案例。師範體系的教科書雖然大多是以白話音爲主來做爲拼音注記的標準，但是其中也夾雜著文言的使用，例如「妻」這個漢字，書中將這個漢字拼注爲「セ・エ」的符號，相當於羅馬拼音「chhe1；chhe」的發音，「妻」字的發音的確是發成「chhe1；chhe」的文音，前述警察體系將這個漢字拼注爲「boo2；bóo」的音，這是將文言的漢字做爲白話音來注記，這樣會造成漢字與發音無法對應的現象。而師範體系的書將「妻」拼爲「chhe1；chhe」的發音，這是漢字與發音相吻合的正確拼法，問題是既然這本教科書是以白話音做爲學習的標準，就不應該出現文言的漢字與發音，因此兩種體系的版本都有其疏失而需要改進的地方。

三、翻　譯

（一）「ゐ」與「ヰ」

表 6-1-11：警察體系翻譯例句

舊片假名「ヰ」	新平假名「イ」
動詞	其他用語
何をシテヰマスか？（正在做什麼呢？）	惜シィ（可惜的：形容詞）
仕事をシテヰマスカ？（正在工作嗎？）	無ィ（沒有：否定詞）
逃げカヶテヰマス（正要逃跑）	習ィタイ（想要學：欲望詞）

　　警察體系的教科書無論是注記臺灣語，或是日本語的翻譯一律使用「片假名」的符號，在這裏有「新五十音」與「舊五十音」的問題產生。例如「イ」這個五十音的符號，以新五十音來看，平假名是注記成「い」的符號，而片假名則是是注記成「イ」的符號；若以舊五十音來看的話，平假名是注記成「ゐ」的符號，而片假名則是是注記成「ヰ」的符號。依據這本書的習慣用法，一律使用「片假名」做為注記符號，也就是說，書中只有新五十音的「イ」與舊五十音的「ヰ」兩種符號可供選擇。

　　筆者發現在這裏有一個規則可尋，如果是使用於動詞時，就會使用舊五十音「ヰ」的符號，而如果是形容詞或是其他的用語時，就一律使用新五十音「イ」的符號。例如臺灣語「巡查要創甚麼」這句語詞，書中的日本語翻譯為「巡查ハ何をシテヰマスか」，其中「ヰマス」的「ヰ」字就是舊五十音的用法，因為「ヰマス」是動詞進行式的用法。再如臺灣語「伊老父在做甚麼頭路」這句語詞，書中的日本語翻譯為「貴方ノ父サンハドンナ仕事をシテヰマスカ」，其中「ヰマス」也是用來表示動詞的現在進行式，因此使用舊五十音。又如臺灣語「賊仔在要走咯」這句語詞，書中的日本語翻譯為「泥棒ハ逃げカヶテヰマス」，其中「ヰマス」用來表示動詞的未來可能發生的動作，因此也使用舊五十音「ヰ」這個符號來做注記。

　　至於其他用語的部分，例如臺灣諺語「亦要父亦要饅頭粿」，書中的日本語翻譯為「河豚ハ食ヒタシ命ハ惜シィ」，其中「惜シィ」是一個形容詞，因此使用新五十音「イ」的符號。再如臺灣諺語「識禮無子婿可做」，書中的日本語翻譯為「知識ガアッテモ地位を得ナヶレバ何ニモナラナイ」，其中「ナイ」就是「無い」的意思，用來表示沒有或不是的意思，因此使用新五十音

「イ」的符號。又如臺灣語「欲學甚麼」這句語詞，書中的日本語翻譯爲「何を習ヒタイカ」，其中「タイ」就是動詞原形「習ふ」的連用形「習ヒタイ」的變化形態，用來表示「想要」的心理欲望，這是舊五十音的用法，相當於新五十音「習ウ」的動詞原形，轉變爲「想要」的連用形「習ィタイ」，雖然這是屬於動詞的用法，但是它不是純粹的動詞，其主要的用意是在表達內心的欲望，因此使用新五十音「イ」的符號。

　　反觀師範體系的教科書，在注記臺灣語時使用「片假名」，而在日本語翻譯時則使用「平假名」的符號，例如在注記臺灣語時使用片假名「イ」，而在日本語翻譯使用平假名「い」，兩者皆是新五十音的符號。至於舊五十音的兩種符號，平假名的「ゐ」與片假名的「ヰ」則在這本教科書中不會有機會使用到，因此比較單純一些。

（二）拗　漫

表 6-1-12：「拗漫」翻譯對照

警察體系	師範體系
拗漫	拗漫
ズルイ（狡猾）	不法（違法）

　　同樣的例句「拗漫却是眞拗漫，不拘我攏無欲及伊計較」，警察體系的教科書翻譯爲「ズルイコトハズルイダガ私ハ彼ト爭ヒタクアリマセン」，也就是以「ズルイ」〔註1〕來翻譯「拗漫」這個詞。臺灣語的「拗漫」是指蠻橫不講理，而日本語的「ズルイ」則是狡猾的意思，兩種語言之間並沒有達成相通的意思，因此會導致學習者產生意義上的混淆。

　　反觀師範體系的翻譯，將例句「拗漫却是眞拗漫，不拘我攏無欲及伊計較」翻譯爲「不法なことは實に不法ですが、しかし私は凡て彼と爭ひたくありません」，臺灣語的「拗漫」是指蠻橫不講理，而日本語的「不法」則是違反法律行爲的意思，兩種語言之間並沒有達成相對應的目標，如果將日本語的翻譯「不法」改成「勝つ手」的話，表示「自私自利」或「擅作主張」的意思，可能比較能對應臺灣語「拗漫」的意思。

　　總觀以上所述兩種體系的教科書內容，以「拼音」的部分來做比較的話，

〔註 1〕　日語「ズルイ」的漢字爲「狡」。

警察體系所編制的教科書的內容分析得比較詳細，例如臺灣語的拼音當中最具有特色的「鼻音」與「促音」，在教科書中都做了巨細靡遺的分析與比較，因此即使是初學者也可以容易入手，而對於已有基礎的學習者，更能藉此而有更進一步地認識臺灣語的拼音法則。相對地，師範體系教科書的內容在拼音方面就顯得比較不足，無論是哪一種拼音規則，都只是簡略地帶過而已，對於初學者可能比較不容易進入狀況。

在「文音」與「白音」的使用上，師範體系的教科書比較傾向於日常會話的「白話音」，較能符合臺灣語對話的習慣用法。而以「聲調」來說，警察體系的教科書自始至終都是以「本調」為注記標準，這一點倒是十分符合拼音的注記原則，因為本調是永久不變的，而變調則會隨著前後語句的變化、說話者當時語氣的變化、日常用語的習慣……等，而有許多不同的變化，因此在注記時通常會以「本調」的符號為標準，比較不會產生爭議。而師範學校的教科書則是以「變調」為注記標準，這樣的注記方式也有優點，那就是讓學習者閱讀了教科書之後，立即能朗朗上口，應用於日常對話之中，具有相當的便利性。然而，有時後遇到比較複雜的情境時，究竟要採取何種變調的標準，始終不一而是難以判斷，容易造成學習者的無所適從，進而產生更多學習上的困擾。

其次，以「漢字」的選用來做比較的話，警察體系的拼音標準有時比較趨向於文言的發音，因此在使用漢字的時候，也多會選用文言的字彙，雖然有時不太符合日常用語的文字與發音習慣，但是至少達到了前後一致的效果，不會讓學習者造成混亂的情形。而師範學校雖然有偏於白話音的傾向，但是在漢字選用上，時而文言時而白話，以至於有「文白夾雜」的情形產生，讓學習者無所適從，產生各種學習上的困境。

其三，以「翻譯」的部分來做比較的話，以「拗漫」這個例句來看，警察體系的教科書日本語翻譯為「ズルイ」，相當於「狡猾」的意思；而師範學校的教科書日本語則翻譯為「不法」，帶有違反法律行為的意思。兩者相較之下，可以說都只表達出臺灣語一半的意思，臺灣語的「拗漫」是指一個人由於「自私自利」的個性，以至於做事態度呈現出「跋扈」或「粗野」的行為，或者有時候會有一些「狡猾」的行事做風，如果事態嚴重的話，甚至可能會做出違反法律的行為。因此無論是警察體系的翻譯，或是師範體系的翻譯，都只表達出部分的意思，沒有辦法達到百分之百的對應。

第二節　臺灣語學習困境析論

　　本節將前文所探討的警察體系與師範體系教科書中，日本人學習臺灣語所產生的各種困境做一歸納總結，大致上可分為拼音注記、聲調注記、漢字選用、詞彙語法等項，分別敘述如下。

一、拼音注記的困境

（一）缺漏的發音注記

　　臺灣語的發音當中，有一些是日本語所缺漏的部分，因此日本語和臺灣語兩者之間的發音，有一些無法完全相互對應的地方，例如日本語本身並沒有「chhu」的發音，如果要對應臺灣語「chhu」的發音時，就只能用「ッ」〔註2〕來代替，相當於羅馬拼音「chh」的發音，而這中間顯然產生了「u」發音的漏失。例如「嘴」這個語彙，日本語五十音拼成「ッ・イ」，相當於羅馬拼音「chhi3；chhì」的音，但是這個字在臺灣語的拼音應該是拼成「chhui3；chhùi」的音，顯然書中漏失了一個「u」的音。

　　另外，日本語也沒有「o」的發音，如果要對應臺灣語「o」的發音時，原本只能用「オ」來代替，相當於羅馬拼音「oo」的發音，但是這中間顯然多出了一個「o」的聲音，唇形會變得更為深圓，相當於由「さ」的音轉為「こ」的發音。如此一來，無法同時對應臺灣語的「o」與「oo」兩種發音，例如「途」的韻母是「oo」的發音，而「刀」的韻母則是「o」的發音，如果單以一個「オ」的符號來拼注的話，「途」與「刀」兩個字的發音根本無法辨識，因此便以助詞「を」的舊五十音「ヲ」的符號來代表「o」的聲音，如此才能與「オ」代表「oo」的發音做一區別。但是在日本語的發音中，「オ」與「ヲ」其實是一模一樣的發音，兩者都發成「oo」的聲音，現在卻要強制日本人將「ヲ」發成「o」的聲音，如果沒有長期特別的練習，會產生學習上的混亂。

（二）出氣音的符號注記

　　日本語的發音中，能夠對應出氣音的符號有五十音中的「カ行出氣音」、「タ行出氣音」、「パ行出氣音」、「サ行出氣音」等幾種發音。以「カ行出氣

〔註2〕　日本語五十音「ッ」的發音，雖然在電腦輸入時，是以「tu」來代表「ッ」音的注記，但是在實際發音時並沒有「u」音的成分，因此發音與音標注記之間產生了衝突之處，而當日本語要與臺灣語的拼音相對應時，更會產生學習上的困境。

音」來說，就是依據日本語五十音的「か」、「キ」、「ク」、「ヶ」、「コ」來對
應臺灣語「kha」、「khi」、「khu」、「khe」、「khoo；kho‧」的發音。然而，臺
灣語中還有相對於出氣音的不送氣音，如「ka」、「ki」、「ku」、「ke」、「ko」的
發音，在日本語中就找不到相對應的拼音，因此爲了要區分「ka」的不送氣音
與「kha」的送氣音，便將「か」、「キ」、「ク」、「ヶ」、「コ」用來代表「ka」、
「ki」、「ku」、「ke」、「ko」的不送氣音；而另外爲了發出帶有氣體的聲音，便
再加上一個「‧」的符號，就相當於羅馬拼音「kha」、「khi」、「khu」、「khe」、
「khoo；kho‧」的發音，只要再配合一個韻母與聲調即可構成完整的拼音符
號，用以拼讀臺灣語「脚」、「欺」、「邱」、「稽」、「箍」等漢字。事實上，「カ
行出氣音」的「か」、「キ」、「ク」、「ヶ」、「コ」；「タ行出氣音」的「タ」、「チ」、
「ッ」、「テ」、「ト」；「パ行出氣音」的「パ」、「ピ」、「プ」、「ペ」、「ポ」；「サ
行出氣音」〔註3〕的「サ」、「セ」、「ソ」等符號，本身就有送氣的成分，而現
在要強迫日本人故意發出不送氣的聲音，會造成發音上的混亂，這是由於日
本語的語音系統中缺乏這個聲音的存在，因此無法找到百分之百完全吻合的
符號。

（三）鼻音符號的注記

日本語五十音的語音系統中，唯一的鼻音是「ン」的符號，但是臺灣語
的鼻音卻分爲「nn」「ng」、「n」、「m」等幾種，這種十分豐富而複雜的鼻音可
以說是臺灣語音的一大特色，也是日本人學習臺灣語的一大困境，日本人在
學習臺灣語時，爲了突破這些困境，必須設計並約定一些特殊的符號來做爲
各種臺灣語鼻音的注記。

以「nn」的鼻音來說，利用聲調的符號來代表鼻音符號，分別是「ᑲ」、「ᕵ」、
「ᖑ」、「ᒚ」、「ᕦ」、「ᖆ」、「ᖚ」、「ᔐ」八個聲調，例如「霜」這個漢字，日本
語五十音拼成「スンᑲ」，相當於臺灣語羅馬拼音「sngnn1；s ng^n」的音，也就
是代表鼻音「nn」的第 1 聲調符號。但是在這裏出現了一個問題，也就是會
將「nn」與「ng」的鼻音混淆在一起，這個「霜」字的臺灣語應該拼成「Sng1」

〔註3〕 「サ行出氣音」的「サ」、「セ」、「ソ」原本發音爲「sa」、「se」、「soo」
的音，現在於五十音的頭頂加上「一」的符號，並在右側加上「‧」的符號，
來對應臺灣語「chha」、「chhe」、「chhoo」的發音。例如「差」注記爲「サ
‧ァ」，相當於臺灣語羅馬拼音「chha」的發音；「妻」注記爲「セ‧エ」，
相當於臺灣語羅馬拼音「chhe」的發音；「粗」注記爲「ソ‧オ」，相當於
臺灣語羅馬拼音「chho‧」的發音。

的發音，也就是「ng」的鼻音音尾，而並非「nn」〔註4〕的鼻音音尾，這也是由於兩種語言系統的根本不同處而造成的差異。

　　以「ng」的鼻音來說，利用日本語符號的「ン」來代表，例如「工」這個漢字，日本語五十音拼成「カン」，相當於臺灣語羅馬拼音「kang1；kang」的發音。以「n」的鼻音來說，利用日本語符號的「ヌ」來代表，但是這個符號原本拼成「nu」，為了要表達「n」的鼻音尾音，因此將「u」的音省去，而變成了「n」的鼻音，例如「緊」這個漢字，日本語五十音拼成「キヌ╱」，相當於臺灣語羅馬拼音「kin2；kín」的發音。以「m」的鼻音來說，利用日本語符號的「ム」來代表，但是這個符號原本拼成「m u」，為了要表達「m」的鼻音尾音，因此將「u」的音省去，而變成了「m」的鼻音，例如「甘」這個漢字，日本語五十音拼成「カム」，相當於臺灣語羅馬拼音「kam1；kam」的發音。

　　在此值得一提的是，「m」的鼻音是屬於閉唇音，而臺灣語的閉唇音是語音的一大特色，無論日本語或是華語的語音系統，都缺乏閉唇的發音，更沒有這方面的符號，而當日本人要學習臺灣語，並且利用他們所熟悉的日本語五十音來做注記符號時，在閉唇音的部分就會產生困難，因此只好利用「ム」的符號來做對應，這也是造成學習上的困境因素。

（四）促音符號的注記

　　臺灣語的促音依據唇形部位的不同，大致可分為「舌根促音」、「舌頭促音」、「合唇促音」三種不同的發音，臺灣語的促音也是詰音的一大特色，而也正是日本語所缺乏的語音之一，為了彌補這種缺乏，都會造成學習上的困境。以「舌根促音」來說，利用日本語五十音清音中的「ク」來對應臺灣語語尾「k」的舌根促音，「ク」這個符號原本拼成「ku」的發音，如果當做韻尾使用，並配合前面的聲母來發音時，則省略了音尾「u」的發音，而只發出音頭「k」的聲音，例如「色」這個漢字，日本語五十音拼為「シエク╱」，相

〔註4〕「nn」與「ng」的鼻音音尾容易產生混淆，兩者的區分方法是「nn」為純粹的鼻音，也就是「純鼻音」，相當於「鼻化元音」，當發音的時候，將鼻腔收縮至最緊的狀態所發出的母音，而且只限於母音的音尾所發出的鼻音。例如「薑」，相當於臺灣語拼音「kiunn1；kiuⁿ」的發音；又如「衫」，相當於「sann1；saⁿ」的發音。而「ng」則為「父音鼻音」，通常含有類似「ㄥ」成份的發音，例如「飯」，發音為「pung7；pūng」；又如「門」，發音為「mng5；mn̂g」。

當於臺灣語羅馬拼音「siek4；siek」的發音。

以「合唇促音」來說，利用日本語五十音清音中的「プ」來對應臺灣語語尾「p」的合唇促音，「プ」這個符號原本拼成「phu」的發音，如果當做韻尾使用，並配合前面的聲母來發音時，則省略了音尾「hu」的發音，而只發出音頭「p」的聲音。

以「舌頭促音」來說，利用日本語五十音清音中的「ッ」來對應臺灣語語尾「t」的舌尖促音，「ッ」這個符號的讀音相當於羅馬拼音「ch」的發音，如果當做韻尾使用，並配合前面的聲母來發音時，完全看不出有舌尖促音「t」的聲音，筆者以為不太適合做為舌尖促音的代表符號。但是如果用日本語音系統輸入這個符號時，則是以「tu」的拼音來做輸入，可是這個字並不是念「tu」的音，所以在這裏有一些矛盾之處，也就是讀音與符號輸入的不一致。如果強要選出含有「t」發音的符號，有「タ」、「テ」、「ト」三個符號，「タ」發出「tha」的音，「テ」發出「the」的音，「ト」發出「thoo」的音，可以選用其中一個符號，利用其首音「t」來表示「舌頭促音」，省略了「音尾」〔註5〕的發音，恰恰能與臺灣語「t」的舌尖促音相對應，如此可能會比日本人所設定的「ッ」這個符號更為恰當。

（五）文白夾雜的問題

臺灣語的語音中，同一個漢字往往存在著有文言音與白話音的差異性，而日本人所編的教材主要是為了能與臺灣人做日常生活的語言交流，因此應該以白話音為基準來學習，但是在教科書中往往出現了文白夾雜的問題，例如教科書將「他」這個漢字拼為「タ．ァ」，相當於羅馬拼音「tha」的發音，而「他」這個字是一種文音的用法，沒有白音的讀法，如果要念成白音的話，應該用「伊」這個字才對。

另外還有「偷」這個漢字，書中拼成「ト．オ」，相當於羅馬拼音「thoo；tho‧」的發音，但是「偷」這個漢字當發出「thoo；tho‧」的音時，是文音的讀法，如果要發出白音的話，則應該拼成「thau」的發音。如果要舉「thoo；tho‧」的發音做練習的話，則應該舉其他的漢字，例如「土」這個字，發出「thoo3；thòo」的音，雖然是第3聲調的發音，與書中所舉的

〔註5〕若要以「タ」、「テ」、「ト」三個符號來對應臺灣語語尾「t」的舌尖促音，那麼「タ」的發音「tha」，就要省略「ha」的尾音；「テ」發出「the」的音，就要省略「he」的尾音；「ト」發出「thoo」的音，就要省略「hoo」的尾音。

第 1 聲調的例子不一樣，但是聲母與韻母是完全一樣的，應該可以做爲書中例字的練習。

又例如「山」這個漢字日本語五十音拼成「サヌ」，相當於臺灣語羅馬拼音「san1；san」的發音，這恰恰吻合了「文音」的讀法，如果是「白音」的話，應該拼成「soann1；soaⁿ」才對。但是書中將「山」這個漢字歸列於「ヌ鼻音」的系統，如果將「山」拼成「soann1；soaⁿ」的白話音，就不吻合「ヌ音」的系統，也就是無法對應羅馬拼音「n」的發音了。臺灣語的語尾若發出「nn」的聲音時，在日本語五十音的語音系統中，找不到吻合的聲音，以至於發生文白夾雜的問題，這也是兩種語言之間根本的差異，因此在這裏「山」〔註6〕這個字出現了文音與白音選用的困難處。

還有「趁錢有數生命着顧」的「有」字，有白音與文音兩種讀法，如果是讀成白音的話，應該拼爲「ウl」的音，相當於羅馬拼音「u7；ū」的音；如果是讀成文音的話，則應該拼爲文音「ィウ╱」的音，相當於羅馬拼音「iu2；iú」的音。這個念法與本段「有、無」的語法例句不同，前述的語法例句諸如有鞋無、汝有無、汝有錢無、西洋料理有好食無、有來無、保正有來無、買有無、汝去買買有無、汝釣有無、彼領衫有穿無、彼號米有食無……等，都是使用白音的念法。上述例句「趁錢有數生命着顧」由於是臺灣俚諺，不同於一般日常用語使用白音的習慣，在俚諺的念法中，文音或白音必須依情況而定，因此在這裏念成文音「iu2；iú」的音，透過兩者的比較與對照，恰好可以讓學習者了解文音與白音的差異性。

二、聲調注記的困境

臺灣語本身具有八個聲調，與單一聲調的日本語相較之下，原本就十分複雜不易學習，再加上連音變調的情況，出現了「同字異義轉調」、「單一字連續轉調」、「音便轉調」等各式各樣的變調，更加讓日本人造成混亂而難以適應，產生各種學習上的障礙。

〔註6〕　「山」除了有文音「san1；san」與白音「soann1；soaⁿ」兩種不同的念法之外，依據董忠司總編的《臺灣閩南語辭典》，還有「sian」的發音，例如「山查」，相當於「sian-cha」的發音，是一種植物的名稱。因此教科書如果要避免「文白夾雜」的問題，可以選用「sian」的發音來代替原來的「san1；san」發音，但是「山查」一詞在日常生活用語中並不普及，雖然避開了文音與白音的糾葛，但又失去了語言的普遍性原則。

（一）「同字異義」的轉調

同樣的漢字由於意義的不同，會產生各種不同的變調，例如「有講無」這個詞彙，可以歸納爲兩種意義，首先是「明明有卻說沒有」，若依據這個詞義時，說話的聲調必須是「7-1-5」，注記符號爲「ウウ|-コン-ボフ〈」，相當於羅馬拼音「u7-kong1-Bo5；ū-kong-Bô」的聲調；還有另一種詞義是「有沒有說啊？」，若依據這個詞義時，說話的聲調必須是「3-2-4」，注記符號爲「ウウ〉-コン╱-ボフ〃」，相當於羅馬拼音「u3-kong2-Boh4；ù-kóng-Boh」的發音。同樣的漢字，具有相同的本調，但是意義 1 的聲調變化爲「7-1-5」，而意義 2 的聲調則變化爲「3-2-4」，雖然具有相同的本調，而當下卻有兩種不同的聲調說法，容易讓日本人產生學習上的困境。

「有講無」例句的「意義 1」這部分，依照臺灣語的意思是「明明有卻說沒有」，書中所記錄的日本語發音拼爲「ウウ|-コン╱-ボフ〈」，相當於羅馬拼音「u7-kong2-Bo5；ū-kóng-Bô」的發音，但是正確的發音應該是「ウウ|-コン-ボフ〈」，相當於羅馬拼音「u7-kong1-Bo5；ū-kong-Bô」的發音。在這裏所犯的錯誤很可能是「本調」與「轉調」的混亂所導致的問題，「講」這個字的本調是第 2 聲調，而在這裏是以「轉調」的調值來記錄的，但是有時可能會發生因爲習慣而誤記的情形。

又例如「無去」這個詞彙，也可以歸納爲兩種意義，首先是「沒有去」，若依據這個詞義時，說話的聲調必須是「7-3」，注記符號爲「ボラ|-ク・ウ〉」，相當於羅馬拼音「Bo7-khu3；Bō-khù」的聲調；還有另一種詞義是「不見了」，若依據這個詞義時，說話的聲調必須是「5-3」，注記符號爲「ボラ〈-ク・ウ〉」，相當於羅馬拼音「Bo5-khu3；Bô-khù」的發音。同樣的漢字，具有相同的本調，但是意義 1 的聲調變化爲「7-3」，而意義 2 的聲調則變化爲「5-3」。例句的「意義 1」這部分，依照臺灣語的意思是「沒有去」，變調的音值應該是「7-3」，但是書中卻注記成「3-3」，日本語發音拼爲「ボラ〉-ク・ウ〉」，相當於羅馬拼音「u7-kong2-Bo5；ū-kóng-Bô」的發音。也就是「無」這個字應該是第 7 聲調，而誤記成第 3 聲調。「無」這個字的本調是「Bo5」，本來是第 5 聲調，依據轉調規則應該轉化成第 7 聲調；而如果本調爲第 7 聲調，則是轉化成第 3 聲調，在這裏將「無」這個字誤記成第 3 聲調，究竟是純粹筆誤？或是由於轉調規則的習慣，而輾轉成誤，則不得而知。

依據符號注記的規則，原本應該一律注記爲本調，而日常對話時，再由

說話者依其詞義做判斷加以變調，但是為了讓日本人能夠了解各種特殊的轉調所產生的不同的意義，因此利用轉調來做注記，這原本是為了讓學習者增加學習的效果，但是容易產生本調與變調相互混亂的情況。筆者以為解決這種困境最好的方法是將本調與變調一起羅列出來做一比較，讓學習者很清楚地可以分辨出來，一方面確知本調的正確聲調，另一方面又可以掌握日常會話隨著語義不同而產生的各種變調方式。

（二）「單一字連續」的轉調

在臺灣語的詞彙中，經常會利用同樣的漢字連續講了三次，其目的是為了加強形容某件事的程度，因此產生了強調語氣的轉調用法。例如「寒」這個字的本調為鼻音第 5 聲調的音值，注記符號為「コアㇱ」，相當於羅馬拼音「koann5；kôaⁿ」的發音。當日常會話時，為了要傳達出不是普通的冷，而是十分寒冷的感覺時，為了強調這個寒冷的程度，就會連續使用三個寒字，而造成「寒々々」的詞彙，此時的音值有兩種變調情形。兩者差別在於中間的漢字，若是漳州音的話，中間的漢字就會變為第 7 聲調，而成為「5-7-5」的音值，符號注記為「コアㇱ-コアㇷ-コアㇱ」，相當於羅馬拼音「koann5-koann7-koann5；kôaⁿ-kōaⁿ-kôaⁿ」的發音；若是泉州音的話，中間的漢字就會變為第 3 聲調，而成為「5-3-5」的音值，符號的注記為「コアㇱ-コアㇱ-コアㇱ」，相當於羅馬拼音「koann5-koann3-koann5；kôaⁿ-kòaⁿ-kôaⁿ」的發音。但是書中卻只有依據泉州音的變調習慣注記為「5-3-5」的聲調音值，而完全沒有說明，當日本人與漳州音調的臺灣人對話時，會由於聲調上的差異而感到混亂，因此筆者以為解決這種混亂不清的方法，最好是將漳州音與泉州音的變調規則之異同做一比較說明，並將兩種變調的音值羅列出來，讓學習者能夠清楚地分辨出兩者的異同。

（三）音便轉調

臺灣語在日常對話時，為了求發音上的便利性與易說性，會產生幾種改變的方式，有時候會以大約的讀法來讀，有時候會延長音調來讀，有時候會省略音調來讀，於是產生了「音便轉調」〔註7〕的情形。例如「被人打」這個

〔註7〕　日本語也有許多「音便」的情形，但並非使用在「轉調」的部分，而是在於動詞字尾發音的變化，像過去式的「た」型；連續的「て」型；否定的「ない」型。例如「吃飯」的原型是「ご飯をたべる」，過去式的音便為「ご飯をたべた」；連續的音便為「ご飯をたべて……」；否定的音便為「ご飯をたべない」等。

詞彙，原來的拼音是「ホオ|-ラン く-バ・ア♪」，相當於羅馬拼音
「hoo7-lang5-pah4；hōo-lâng-pah」的發音，但是爲了說話的便利性，通常會
轉變爲「ホく-ン-パ・ア♪」，相當於羅馬拼音「hong5-pah4；hông-pah」的發
音。

　　但是這個詞彙的音便轉調，在教科書中卻注記爲「ホ|-ン-パ・ア♪」，相
當於羅馬拼音「hong7-pah4；hōng-pah」的發音，在臺灣語的日常會話中，「ホ
|-ン」通常會連音轉調成爲「ホく-ン」，因此整句應該是臺灣語和日本語之間
在聲調上的差異，臺灣語一共有八種聲調，其中除去第 2 聲調與第 6 聲調是
發出一樣的音值之外，還有七種聲調之多，反觀日本語的聲調，只有比較性
的高音與低音的分別而已，並沒有一個絕對性的音值存在，也沒有任何有關
聲調的符號。在學習臺灣語的過程之中，爲了編制臺灣語教科書，採用了臺
灣語八種聲調的符號，添加在日本語五十音的符號旁，勉強對應臺灣語的八
種聲調。在這些聲調的使用過程中，所產生的一些差異性，是屬於一種語言
系統上的根本差異，這種根本上的差異，有時利用任何技巧都無法彌補其發
音上的缺失。因此聲調困境的解決之道，唯有透過模仿老師或臺灣人的口音
才能辦到，因此課堂上隨著臺灣語授課老師的發音做實際地練習，就成爲在
臺灣語學習的過程中，不可或缺而絕對必要的歷程。

三、漢字選用的困境

　　臺灣語及日本語之間最大的共通性在於使用「漢字」，相較於一個對漢字
完全沒有基礎與認知的西洋人，在學習臺灣語或華語的過程中，會比西洋人
更具有親切感，也更容易快速進入狀況，這是生長在漢字文化圈中的人，所
共同持有的特色與優勢。然而，換個角度來看待漢字的使用，一個西洋人由
於對漢字沒有任何基礎與認知，因此在完全沒有包袱的情況之下，能夠百分
之百地吸收並學習臺灣語或華語的漢字，不會有一些分歧點讓學習者產生混
亂而造成種種困境。相對地，日本人由於長期以來使用漢字，甚至改造成日
式的漢字，以至於原本由中國傳到日本的漢字文化與音義產生了一些變化。
當日本人習慣了他們所使用的漢字之後，再來學習臺灣語的漢字，無論在字
形、字音、字義上，都會產生一些混亂的困境。另外，臺灣語本身在漢字的
使用上，也存在著一些分歧的問題，沒有一個標準或規則，如此一來，臺灣
語漢字的分歧再加上日本語漢字的差異性，造成了學習上的困境。現在就舉
一些例子做說明：

（一）倒

例如臺灣語「倒在總鋪」的「倒」字，代表「躺著」的意思，而日本語對於「倒」這個漢字的認知則是「倒塌」、「跌倒」、「死亡」等負面的意思，而沒有純粹「躺在床上」的意思。除非是語尾加上「込む」，結合成「倒れ込む」的字彙時，用來表示因極度疲憊而倒臥在床爬不起來的意思，也是含有負面的感覺。依據臺灣語例句「倒在總鋪」的意思，並非極度疲憊而倒臥不起的意思，這是由於漢字的認知與使用的差異性，而帶來學習上的困境。

（二）咯

例如臺灣語「來有五月日咯」的「咯」字，書中的日本語五十音將這個詞拼注為「ロオ╱」，相當於羅馬拼音「looh4；looh」的音，但是「咯」這個漢字在臺灣語的念法，由於意義的差異而產生各種不同的發音，如果是代表「擬聲詞」的話，則有「kok8」與「kak8」的發音，例如模擬雞的叫聲而說「咯咯雞」，念成「kok8-kok8-ke1」的發音；又如模擬笑聲的「咯咯叫」，念成「kak8-kak8-kio3」的發音。如果是用來表示「吐」的動作，或是漱口的意思，則發出「lok8」的音，例如「咯喙」〔註8〕等。前述的發音當中，並無教科書中所注記的「looh4；looh」的發音，因此最好是再找其他替代的漢字，例如像「囉」等字，比較能與臺灣語的發音吻合。

（三）尚

例如臺灣語「保正尚未來」的「尚」字則選得較不恰當，書中將這個字注記為「ィア╱」，相當於羅馬拼音「ia2；iá」的音，但是「尚」這個漢字的白音是讀成「siunn7；siūⁿ」，用來指「和尚」的名稱；而文音則是讀成「siang7；siāng」，表示「猶」或「庶幾」的意思。按照書中「保正尚未來」的意思來看，這個「尚」字應該是「還」或「猶」的意思，但是如果要表達這個意思的話，應該念成「siang7；siāng」的音，這與臺灣語的日常對話「ia2_be7_lai5；iá_bē_lâi」的發音不吻合，因此在編制教科書時，對於漢字的選擇，應該要更嚴謹才能對應臺灣語的用詞。

（四）妻

臺灣語的「妻」這個漢字，書中的日本語五十音將這個字拼注為「ボオ

〔註8〕「咯喙」發音為「lok8-chhui」，表示「漱口」的意思，但如果要表示「吐痰」或「吐血」的話，則必須念成「khak8」的發音。

✎」，相當於羅馬拼音「boo2；bóo」的音，但是「妻」這個漢字，應該拼成「セ‧エ」，相當於羅馬拼音的「chhe」，這是對應「妻」的文音唸法，以日常會話來說，一般臺灣人不會說「妻」，而會說「某」，或是「牽手」等詞。因此在這裏應該將「妻」這個漢字做一更改，選用更加適合的「某」這個漢字，如此一來才能將臺灣語的字形與發音連結一起。在漢字的選用方面，應該避免「文白夾雜」的情況，例如「妻」這個漢字就舉得不太恰當，如果要舉例說明「セ‧エ」（chhe）這個發音的話，臺灣語有許多相同的發音，例如「淒」、「叉」、「釵」、「初」、「差」……等比比皆是。

（五）夫

書中選用臺灣語的「夫」這個漢字，日本語五十音拼成「アン」，相當於臺灣語羅馬拼音「ang1；ang」的發音，但是「夫」這個漢字有兩種念法，如果是指丈夫的話，應該拼成「hu1」的音；如果是指語助詞的話，應該拼成「hu5；hû」的音。無論是「hu1」或是「hu5」的發音，都是屬於「文音」的念法，依據臺灣語的會話習慣，不會將丈夫說成「夫」，而應該選用另一個漢字「尪」比較合乎實際會話的習慣用語。

（六）食

臺灣語「食緊摃破碗」的「食」字，教科書這個漢字選得很恰當，一般來說，我們長期受到華語的影響，往往不使用「食飯」的漢字，而會說成「吃飯」的漢字，事實上，「吃」這個漢字在臺灣語的用法上，並非「吃東西」的意思，而是代表說話不太順暢，也就是「口吃」的意思，因此「吃」這個漢字的發音是「git4；git」的發音，而不是拼成「chiah8；chiȧh」的音，雖然教科書中有一些漢字選用得不太恰當，但是在這裏的選字是值得讚賞的。

（七）摃

「摃破碗」的「摃」這個漢字，就有一點需要再探討了，書中的日本語五十音將這個字拼注為「コン」，相當於羅馬拼音「kong3；kòng」的音，但是依據臺灣語羅馬拼音的規則，「摃」這個漢字的白音讀成「sng2；sńg」的音；而文音則讀成「sun2；sún」的音。在這裏出現了「字面意義」與「拼音法則」兩個必須取捨的問題，以字面的意義來說，「摃」這個漢字是恰當的；但是若依拼音法則來看，「摃」這個漢字並非念成「kong3；kòng」的音，如果要找「コン」，相當於羅馬拼音「kong3；kòng」的音的漢字，則「摃」這個漢字

應該是一個可以考慮的選擇。

　　以日本語的漢字使用習慣來說，想要表達「損壞」的意思有兩個漢字，但是為了分辨出意志性與自然性的不同，又各自產生了兩種不同的讀法與寫法，分別是「壞れる」與「壞す」，或是「毀れる」與「毀す」。當使用「壞れる」的時候，這是一個自動詞的用法，用來表達這個東西是自然地壞掉，而非人為意志性的行為；而當使用「壞す」的時候，這是一個他動詞的用法，用來表示這個東西是經由人為意志性所破壞的結果。問題在於無論是「壞れる」與「壞す」，或是「毀れる」與「毀す」，都無法與臺灣語「kong3；kòng」的發音做一聯結，因此無法利用他們習慣的漢字來學習。當日本人要學習臺灣語有關「損壞」的意義時，在選用漢字的時候，究竟是要以字面的意義來做抉擇，或是純粹以拼音的法則來做依據，想要找到兼顧字面意義與拼音法則的漢字，並非一件容易的事，這便是編制臺灣語教科書所必須解決的問題。

四、詞彙及語法的困境與解決之道

　　在詞彙及語法方面，最大的困境莫過於「由繁入簡」的問題，日本語從繁，而臺灣語從簡，本來簡單應該是好事，看起來似乎比較容易入手，其實恰恰相反，日本語的詞彙及語法都有一定的規則與模式可以依循，雖然在學習過程中很費時費力，但只要用心將這些複雜的規則與模式記清楚弄明白，就能依據這些規則加以運用在日常對話之中。相反地，臺灣語的語法往往過於簡略，甚至很難尋得一定的規則，當日本人習慣了自己繁複的母語詞彙及語法之後，再來學習簡略的臺灣語，往往會失去方向，而無所適從，造成許多學習上的困境。

（一）動詞的時態

　　首先以動詞的「過去式」來說，例如「昨昏暗恁有去看戲無」這個句型，在語法架構上除了「昨昏暗」之外，並無任何代表「過去式」的動詞形態或語彙，「看戲」本身可代表過去、現在、未來等任何時態。在回答的句子「我們沒有去看」的語法架構中，由於省略了「昨昏暗」的時間性，更是無法辨識其時態。以日本語來說，則透過動詞時態的變化就能明顯地辨別出來，例句中的問句「去看」這個動詞相當於日本語的「見物にいきました」，而「無去看」則相當於日本語的「見物に行きませんでした」。對於臺灣人來說，在學習日本語時，動詞與助詞的各種變化是最複雜而棘手的，這是學習日本語

的最大困境之一，也就是語法上「由簡入繁」的困境。相反地，日本人學習臺灣語時，正因為臺灣語的動詞缺乏時態的種種變化形式，而讓日本人難以辨識而無所適從，這也就是「由繁入簡」的困境。

其次以動詞的「未來式」來說，例如臺灣語「打算甚麼時候要返去」這個詞在書中翻譯成日本語的「何時か歸らうと思つて居ります」，在這裏的「歸らう」是屬於「舊五十音」的用法，相當於現代日本語「新五十音」的「帰ろう」，表示未來即將要進行的動作或想法，也就是「未來式」的時態用法。而臺灣語的用法則是「打算後日要返去」，除了「後日」代表時間性之外，動詞「返去」本身並沒有時態的變化，很難從語法結構去進行辨識。

再來以動詞的「現在進行式」來說，例如臺灣語「在創甚貨」這個詞，代表正在進行中的事情與動作，也就是「現在進行式」的時態用法，相當於日本語的「何をしていますか」，書中所譯的「何をして居られますか」的語法是屬於尊敬的語氣用法。以語法的結構來看，臺灣語對於現在進行式的表達，只用了一個「在」的詞彙，而日本語則是運用動詞的變化來分辨，這也是「由繁入簡」的學習困境。以動詞的「未來進行式」來說，例如臺灣語「在要」的語法，表示「即將進行」或「快要進行」的動作狀態，相當於日本語的「しようとする所」，以語法結構來看，臺灣語從簡，而日本語偏繁，因此這也是一種「由繁入簡」的學習困境。

（二）疑問詞的表現

臺灣語的疑問句十分多樣化，但是往往從語法及字面上難以判斷，例如「有鞋無」這個疑問句，從語法結構來看，完全看不出它是疑問句的屬性，因為句中所出現的漢字，除了名詞「鞋」之外，「有」與「無」表面上看來分別是肯定詞與否定詞，以日本人而言，絕對想不出這一句為什麼會是疑問句？因此極容易造成學習上的疑惑與困境。

又如臺灣語「要去何位？」的疑問句「何位」擺在句尾，而「要去基隆」的回答句「基隆」也擺在句尾，但是日本語的疑問句「何處」以及目的地「基隆」則置於句首，這是兩種語言在語法上的根本差異。除此之外，日本語會在疑問詞的句尾加上一個「カ」字來表示疑問句，但是臺灣語完全無法有一個規則來提供判斷，這是兩種語言在語法上的根本差異，必須透過不斷反覆地練習才能習慣其特殊的用法。

再如臺灣語「欲學甚麼」相當於日本語「何を習ヒタイカ」，在這裏除了

動詞前後的位置不同的問題之外，在日本語的語法中，爲了強調「想要」的意思，會將動詞做連用形的變化，例如現代日本語表達「學習」的動詞原形是「習ウ」，而日治時代的舊五十音拼成「習フ」，而表達「想要」的語法是「タイ」，首先將動詞原形「習フ」改成「マス」形，變成「習ヒ」，然後再在詞尾加上「タイ」的詞，最後產生「習ヒタイ」的動詞連用形，用來傳達「想要學習」的意思。如果是臺灣人學習日本語的情況之下，日本語的動詞有諸多形式上的變化，這種由臺灣語的「簡」，跨越至日本語的「繁」的過程中，都會讓臺灣人產生學習上的困境。相反地，當日本人在學習臺灣語時，由日本語的「繁」，要跨越至臺灣語的「簡」，也會由於缺乏語法形式上的諸多變化，而無從判斷以至無所適從，這何嘗不是另一種學習上的困境。

（三）語序的問題

　　臺灣語的語法排序與日本語的語法排序存在著許多差異性，日本人在學習臺灣語的歷程中，必須經過自我的轉換才能適應。例如臺灣語「能曉講外國話沒」這句話的動詞「講」在句子前方，而日本語「外國語ハ話セマスカ」的動詞「話セマス」則位於句子的後方，語法排序的差異性正是日本人學習臺灣語的一大困境。又如臺灣語「釣無半尾」的語法結構，動詞「釣」置於句首，而否定詞「無」則接續於動詞之後，代表魚的量詞則「尾」擺在句尾；日本語「一匹モ釣レナカツタ」，原本在句尾的量詞「匹」變成句首，原本在句首的動詞「釣ル」變成句尾，而且與否定詞「ナイ」結合，成爲動詞連用形「釣レナイ」，並與過去式結合而變成「釣レナカツタ」，兩種語言之間的語法順序與結構完全不同，容易造成學習上的困境。

　　又如臺灣語的「創甚麼」這一疑問句，「甚麼」擺在句尾，而動詞「創」置於句首，相當於日本語「何をシテキマスか」的說法。兩種語言比較之下，臺灣語沒有任何藉以判斷語法的關鍵詞，而日本語則有「を」與「か」兩個關鍵詞。在「を」的後面一定是具有「意志行爲」〔註9〕的某個動作存在，也就是「シテキマス」，相當於「創」，也就是「做」的動作；至於「か」則是

〔註9〕　日本語在「他動詞」之前，一定要加上「を」的助詞，用來表達具有「意志行爲」的某個動作，例如「吃飯」是屬於個人意志的行爲，也就是在有意識的情形之下所做的動作，因此「ご飯をたべる」即是在他動詞「たべる」之前使用「を」字。反之，「下雨」是一種自然的現象，並非出自於個人的意志行爲，因此不能使用「他動詞」，而是「自動詞」，在自動詞之前不可加「を」助詞，而是要加上「が」助詞，說成「雨が降る」。

判斷疑問句的關鍵詞。臺灣語僅僅「創甚麼」三個字，找不到任何能夠判斷語法的關鍵詞，因此日本人在學習臺灣語時，會有許多的不解與疑惑，在無法進行判斷的情況，自然產生許多學習上的困境。

（四）一字多義

臺灣語往往有一字多義而產生多種語法的情形，例如臺灣語「着」這個漢字的用法，分別有「着；免」、「着；不着」、「有着；無着」、「能着；沒着」、「……着」、「着……」等各種不同的語法。同樣是「着」的漢字，如果用來表示「免」的相反詞時，是指「必須」的意思，其語法相當於「なければなりません」的日本語；如果用來表示「對」或「不對」的意思時，其語法相當於「正しい」與「正しくない」的日本語；如果用來表示「得名」或「沒得名」的意思時，其語法相當於「等に入られます」或「等に入られません」的日本語；如果用來表示「抓得到」或「抓不到」的意思時，其語法相當於「捕へられます」或「捕へられません」的日本語；如果用來表示「……着」表過去已發生事時，其語法相當於「……つたのです」的日本語；如果用來表示「請求」的意思時，其語法相當於「やつて貰はう」的日本語。

對於日本人來說，臺灣語的一個「着」字，竟然對應如此多的日本語語法，將會讓學習者產生極大的困境，包括必須達成的命令語、時間與金錢的花費、罹患疾病、正確、完成等意思，一個漢字同時具足這麼豐富的意思，也就是說在這麼多豐富的意思當中，臺灣語只要用一個「着」字就能完整地表達。反觀日本語卻要使用許多詞彙來表示這些不同的意思，諸如表達命令語的「ナサイ」；表達花費時間與金錢的「カカリマス」；表達罹患疾病的「罹リマス」；表達正確的「正シイ」；表達完成的「マシタ」等。對於日本人來說，在這些不同的日本語詞彙中，竟然都可以對應臺灣語的「着」字，不知從何分辨其中的差異性，這便造成了日本人學習臺灣語的障礙與困境。

又如「共」這個漢字，也有各種不同的語法與用法，像「共伊打」這個詞相當於日本語「彼を毆リマシタ」，對應「を」的助詞；而「共伊參商」則相當於日本語「彼ニ相談シマシタカ」，對應「ニ」的助詞；而「共伊典的」則相當於日本語「彼カラカイマシタ」，對應「カラ」的詞。臺灣語一個「共」字，可以對應三種不同的日本語用法，對於日本人來說，是一項艱難的任務，無法單從字面或文句上去做判斷，容易造成學習臺灣語的困境。筆者以為若要尋求解決之道，必須將前述的「着」或「共」等不同的用法歸納羅列出來，

並配合日本語各種助詞的用法，做一比較與說明，才能讓學習者充分理解臺灣語的用法，並與自己的母語做一結合。

又如「給」這個字也有多種不同的意思與用法，例如「此等柑仔給我好不」的「柑仔給我」這個詞，書中的日本語翻譯是「蜜柑をクダサイ」，爲了方便語法的分析與比較，筆者在此以另一種語法方式來翻譯，「柑仔給我」這個詞，可以相當於日本語「蜜柑を私ニクレマス」，也就是以日本語「……ニクレマス」或「……ニクル」的語法，來對應「柑仔給我」這個詞的使用方法。但是另一句「此條面巾要給甚人」的「給甚人」這句詞語，相當於日本語「誰ニヤル」的說法，也就是「……ニヤル」或「……ニヤレマス」的語法。換句話說，「給我」是「接受用語」的「クル」；而「給誰」或「給他」則是「授與用詞」的「ヤル」，兩者有關「受」與「授」的用法，在日本語的語法中區分得很清楚，但是臺灣語卻都是「給」一個漢字就代表「受」與「授」的用語，對於日本學習者來說，難以分辨其中的差異性，容易造成學習臺灣語的困境。

（五）翻譯的對應

日本人在學習臺灣語時，往往要透過日本語的翻譯來增加理解的程度，但是兩種不同的語言，存在著一些文化、生活、習慣等的差異性，有時無法做百分之百的完全對應，這也是學習上的困境之一。例如「我即罔尋看覓」的「罔尋」是臺灣語的特色，用來表示「可有可無」、「不經意的」、「隨機隨緣的」……等意思。以日本人來說，在日本語的語法或語詞中找不到可以對應臺灣語「罔尋」的意思，因此書中也只能大致翻譯成「搜して見ませよ」。日本語「……て見ます」的語法是用來表示「試試看」的意思，可以對應臺灣語「尋看覓」的語法與意思，但是仍然無法將「罔」這個字的特殊意思表達出來，這是兩種不同的語言系統所產生的相異性的文化與習慣所造成的困境。筆者以爲想要解決「罔尋」這句翻譯的問題，臺灣語「罔尋」應該可以對應日本語「いい加減」的意思，代表「隨便應付」、「不執著的」態度與行爲，比起書中所翻譯的「……て見ます」要來得恰當。

又如臺灣語「剩彼的而已要死」的「要死」一詞，是臺灣語的特殊用法，用來強調「厭惡」、「不願意」等的負面心情用語，日本語對於這類的語法，雖然有相近的用法，但是卻無法完全吻合其意義。例如日本語會以「死ぬ程……」來表示像死一樣的痛苦或決心，來從事一件重要的或偉大的事情，

對於日本來說，「死」這件事是十分悲壯而偉大的，很難聯想到對於「只剩下那麼一點點而已」的小事，竟然會使用「死」這個詞彙，由於語言習慣與文化的差異性，自然會產生一些語言學習上的鴻溝。

又如臺灣語的「拗漫」是指蠻橫不講理的意思，而兩個版本的教科書分別有兩種不同的翻譯，分別是「不法」與「ずるい」。日本語所謂的「不法」是指違反法律行為的意思，或者是不依道理行事的意思；而日本語所謂的「ずるい」則是指「狡猾」的意思，比較傾向於內心的想法。無論是「不法」或是「ずるい」，兩個版本的翻譯都無法百分百地掌握臺灣語「拗漫」的意思，這種差異性凸顯出兩種語言之間的根本差異，有時無法達成完全相對應的目標。筆者以為如果將日本語的翻譯改成「勝つ手」〔註10〕的話，表示「自私自利」或「擅作主張」的意思，可能比較能對應臺灣語「拗漫」的意思。

又如臺灣諺語「腳踏馬屎傍官氣」，用來形容「狐假虎威」的意思，由於過去的一般臺灣平民多半是步行為主，除非是高官才有馬車可做，因此藉由踏到高官乘坐的馬車的馬糞，來誇大形容奉承高官而欺壓弱勢人民那種狐假虎威的姿態。還有過去臺灣人將「屎」也就是「糞便」視為珍寶，可以利用來做農業施肥灌溉等經濟價值之用途，因此臺灣俚諺或日常用語中有許多關於「屎」的言語，例如「屎塞在腳尻才要挖屎坑」，用來形容「臨渴掘井」的意思。日本人對於這些臺灣人的文化生活習慣直接影響語言使用的現象，若是不了解則會造成語言學習上的困境。

（六）詞彙的認知

日本人對於臺灣語詞彙認知的程度也關係到學習的效果，例如「汝要值甚貨」的「值」代表「想要」或「需要」的意思，在書中翻譯成日本語「入用」的詞，但是以詞彙的認知與使用習慣來說，「值」這個字在日本語的習慣用法是代表「價錢」或「價值」的意思，並沒有想要或需要的認知與用法，因此這個漢字的接受度並不高。又如「不時亦在得」的「不時」，從字面上看起來好像是「否定句」的感覺，其實是用來強調沒有一個時候不在家，也就是隨時都在家的意思，相當於日本語「何時でも居ります」的語法。將日本語的「何時」與臺灣語的「不時」做一比較，日本語利用類似「疑問句」的

〔註10〕 「勝つ手」是舊式日本語的用法，現代日本語將「つ」的促音改為縮小於右下方的字體，而變成「勝っ手」的寫法。另外，「勝っ手」除了有「任性」的意思之外，還有「方便」、「情況」、「廚房」、「家計」、「生活」……等意思。

語法來強調「無論何時」都在家，而臺灣語則利用類似「否定句」的語法來強調「沒有一個時候」不在家，兩者所要表達與強調的意思是相同的，但是由於語法的習慣不同，對於初學者容易造成習慣用語上的困境。

由如「伊幾點要起身」的「起身」這個詞，相當於日本語「出発する」的用法，單純從字面上來判斷的話，會誤以為是「起床」或「站起來」的意思，因為日本語「起きます」的動詞用法，單獨使用時代表「站起來」、「醒著」等意思，而與其他字彙連用時則有「起床」、「起伏」、「起源」、「起居」……等用法，無論是動詞單獨使用或是與其他字彙連用，都沒有「出發」的意思存在，因此容易造成學習上的困惑。

又如「行幾里路」的「行」這個字，在日本語的用法是代表「去」某個地方的「移動動詞」，但是臺灣語的「行」是「走路」的意思，如果要表示走路的意思，在日本語則使用「歩きます」的動詞，同樣是表達「走路」的動作，但是兩種語言卻使用不同的漢字，容易造成學習上的困境。

又如臺灣語的「單」就是「入場券」的意思，在日本語所慣用的漢字之中，「單」這個漢字通常用來表示「單獨」或「一方」的意思，例如「單身赴任」、「單刀直入」、「單細胞」等，與「入場券」完全無關，很難有一個聯貫性或系統性的想像。

又如臺灣語的「做生理」，就是「做生意」的意思，但是日本語沒有這樣的用法，當日本人從漢字的字面做判斷時，會以為是有關「本能」或「身體」方面的問題，例如「生理的嫌惡」表示本能的厭惡感；「生理不順」表示月經不順；「生理休暇」表示勞動婦女由於生理期而放假……等。由於日本語對於漢字的使用習慣與臺灣語存在著一些差異性，因此會讓學習者產生一些字面上的誤解，進而造成學習上的困境。

又如臺灣語「有……便々」，是代表事先準備好的意思，相當於日本語「用意してあれば」的用法，但是日本語的「便便」這個詞的認知與使用習慣並非這個意思，而是有其他幾個用法：例如「便便たる大鼓腹」表示大肚皮；「便便と日を送る」表示悠閒度日或遊手好閒；另外還有「雄辯」與「拖延」等意思與用法。從漢字的認知與使用習慣來看，並沒有事先準備好的意思，與臺灣語的語法有一些落差。

臺灣語「着……也免」的語法用來表示「需要……還是不用」的疑問句，相當於日本語「待たなければなりませんか」的語法，但是日本語有關「着」

的用法很多，例如表示「留神」的「着意」；表示「到達車站」的「着駅」；表示「穿衣服」的「着衣」；表示「就座」的「着座」；表示「到岸價格」的「着值」……等不勝枚舉，其中卻找不到與臺灣語「必須」的意思相通的用法，因此對日本人來說，這是一個不容易理解的語法。

臺灣語「緊牽較去」的「緊」字，用來表示「趕快」或「快一點」的急迫語氣，相當於日本語「早く……」〔註11〕的語法結構。然而，日本語對於「緊」這漢字的用法有很多種，如果是單獨使用的話，「緊と」是指「緊緊地」意思，當做副詞來使用；如果是與其他的漢字連用的話，就更多樣化了，例如「緊迫」、「緊張」、「緊密」、「緊縮」……等。以字面來判斷的話，的確可以想像出這個字具有「緊急」之類的感覺，但是與「早く……」的語法結構比較之下，用來表示「快一點」的語法，還是有一些距離，必須透過學習者豐富的聯想能力，才能突破這些學習上的困境。

總而言之，臺灣語不僅排列順序與日本語完全不同，而且缺乏關鍵字或助詞等用語來判斷語法，相對地，日本語則有許多關鍵字來判斷語法，例如助詞「ハ」代表此句的主題；助詞「カ」代表疑問句；「を」代表主動的意志行為動詞；「ガ」代表自然的非意志行為動詞；「ニ」代表存在動詞、移動動詞、附著動詞；「デ」代表手段……等意思，可以透過不同的關鍵字來判斷語法。日本語這些慣用的關鍵詞，對於臺灣人來說，可能覺得十分麻煩又困難，不像自己所熟知的臺灣語這麼簡單，可以省掉許多「助詞」之類的關鍵詞，當臺灣人在學習日本語的時候，就會產生許多這方面的困境。相反地，當日本人學習臺灣語時，由於臺灣語缺乏像日本語一樣的足以判斷語法的助詞或關鍵詞，反而會造成學習上的困境。另外，諸如臺灣語拼音系統的差異性、聲調的豐富性、轉調的複雜性、漢字的使用習慣、疑問句的多樣化、語法的簡略性……等，在在讓日本人在學習臺灣語時產生許多困境。

〔註11〕 日本語「早く」的句型，也可以改用「急ぐ」的句型，但「早く」是形容詞「早い」的連用變化形式，而「急ぐ」則是動詞的原型，如果後面尚有句子要連接的話，則由於「音便」而變化成「急いで」的接續語。

第七章　結　論

　　本文在研究臺灣日治時代日本人學習臺灣語的諸多困境時，由於時空變遷，存在著許多困境，以語言本身的問題來說，諸如日本語新舊五十音的差異性、日本語新舊漢字的演變、臺灣語地域性語音的差異、臺灣語文字的使用等；以時代性的問題來說，諸如訪談對象的年齡層、訪談對象的區域性差別、訪談對象的教育程度與職業領域等；至於未來圍繞在這個議題的相關研究展望也有許多，包括有日治時代公務員考試與教師考試中有關臺灣語試題的設計、警察人員在學習臺灣語之後運用在日常生活中的現象、對日華語教學的運用等，都是未來值得探討的問題。

第一節　本文研究的成果

　　依據本文研究發現，臺灣語及日本語在音韻、詞彙、語法上，同時含有對應性與差異性，所謂「對應性」就是兩種語音可以找到相互對應的發音，有助於學習的效率；而「差異性」則是由於語音系統上的根本不同，所造成的歧異性，無法找出相互對應的發音，在學習第二外語時，必須克服兩種語音系統的根本差異，才能順利達到學習的目標。

一、對應性

（一）音　韻

1. 聲　母

臺灣語雙唇音「p」可以對應日本語「パ」、「b」對應「バ」、「m」對

應「マ」；舌尖前音「c」對應「ツ」、「s」對應「サ」、「z」對應日本語「ザ」；舌尖音「t」對應「タ」、「d」對應「ダ」、「n」對應「ナ」、「l」對應「ラ」；舌面前音「q」對應「チ」、「si」對應「シ」；舌根音「k」對應「カ」、「g」對應「ガ」、「h」對應「ハ」等。由此可見，臺灣語與日本語之間，有些聲母可以相互對應，日本人透過母語的基本素養，有利於學習的效率。

2. 韻　母

（1）舌面元音

臺灣語舌面元音的發音系統，可以對應日本語發音的有：「あ」對應「a」的發音；「い」對應「i」的發音；「う」對應「u」的發音；「え」對應「e」的發音；「お」對應「o」的發音。後方接續「i」與「u」的複韻母，可以得到對應的是「ai」對應「アィ」；「ei」對應「エィ」；「au」對應「アウ」；「ou」對應「オウ」等。

（2）鼻音韻尾「ng」與「n」

日本語五十音屬於鼻音的符號只有一個「ン」，用來對應臺灣語「ng」的發音，而「ヌ」是「nu」的發音，利用開頭「n」的發音，而省略韻尾「u」的發音，來對應臺灣語「n」的鼻音韻尾發音。

（3）促　音

日本語的促音只有一個符號，以現代日本語發音說，是利用「つ」的小一號尺寸「っ」來代表促音，但是在舊五十音當中，並沒有將符號縮小，而是同樣以「つ」符號來代表促音。而「つ」的片假名是「ツ」，因此在標注臺灣語舌尖促音「t」時，通常會以「ツ」來做注記。「ツ」這個符號的發音是「ch」，完全看不出有舌尖促音「t」的聲音，不太適合做為舌尖促音的代表符號，但是除此之外，也找不出更好的替代發音。

（二）詞　彙

1. 根　本

臺灣語「根本」一詞，是名詞性的同義並列式複合詞，對應日本語也是「根本」，臺日兩種語言無論在詞彙結構、漢字使用、意義呈現等方面，可以達到完全的對應。

2. 健　康

臺灣語「健康」一詞，是形容詞性的同義並列式複合詞，對應日本語也

是「健康」，臺日兩種語言無論在詞彙結構、漢字使用、意義呈現等方面，可以達到完全的對應。除了上述的同義並列式之外，反義並列式複合詞也有一些可以對應的詞彙，例如臺灣語「開關」、「裁縫」、「出入」等詞，可以得到完全對應的日本語詞彙。

3. 運 命

臺灣語「運命」一詞，日本語的構詞也是以「運命」來呈現，日本語與臺灣語兩種語言雖然在發音上有所差異，但是無論是構詞方式、漢字使用、意義層面都是一樣的。

4. 目 鏡

臺灣語「目鏡」是屬於偏正式複合名詞，可以對應日本語「目鏡」一詞，無論是構詞方式、漢字使用、意義層面都是一樣的。

5. 其 他

臺灣動賓式複合詞中，在構詞方式、漢字使用、意義層面，有許多可以與日本語詞彙達到百分百完全的對應，例如「記者」、「主席」、「投資」、「關心」、「滿足」……等。臺灣語動補式複合詞，能夠對應日本語的則有「表明」、「管理」、「保持」、「保護」……等不可勝數。

二、差異性

（一）音 韻

1. 聲 母

（1）舌尖前音「ㄗ」

日本語聲母當中，缺乏舌尖前音「ㄗ」的發音，因此設計了「サ」、「セ」、「ソ」加上「ー」的符號來克服困難。

（2）舌尖音「d」

日本語聲母的舌尖音有清音「た」（ta）、「て」（te）、「と」（to）；以及濁音「ダ」（da）、「で」（de）「ど」（doo）等發音，如果遇到韻尾發「i」與「u」的發音時，則利用「チ」具有元音「i」的成份，加上「ー」的符號，使得原本發成「chhi」的音，變成了發「ti」的音。此外，還在「ツ」符號的上頭，加上「ー」的符號，相當於羅馬拼音「tu」的發音，用以彌補日本語發音的差異性。

2. 韻　母

（1）開口呼「o」

臺灣語的韻尾有「oo」與「o」的區別，「oo」可以對應日本語「オ」的發音，但是「o」就找不到可以對應的發音，爲了彌補這個語音的差異性，特別使用了「ヲ」來做代表符號。

（2）鼻音韻尾「m」與「nn」

日本語五十音發出鼻音的符號，無法拼出「m」與「nn」的發音，這是兩種語言系統無法完全吻合的缺失。教科書中利用日本語「ム」的開頭發音「m」，來代表臺灣語閉唇音；利用聲調符號來代表臺灣語「nn」的發音。

（3）促　音

（3-1）舌根塞音「k」

利用日本語清音「ク」的發音，但省略了音尾「u」的發音，只發出音頭「k」的聲音，來對應臺灣語語尾「k」的舌根塞音，

（3-2）雙唇塞音「p」

利用日本語清音「プ」的開頭音「p」，省略了音尾「hu」，來對應臺灣語語尾「p」的合唇促音。

（3-3）喉塞音「h」

在日本語中找不到喉塞音的發音方式，因此利用聲調系統來顯示促音的發音方式，也就是第 4 聲調用「 」來代表，而第 8 聲調則用「 」來表示，至於音尾的符號則看不出有什麼特殊之處。

3. 聲　調

日本語的聲調是屬於「高低音」的類型，最高音的音值相當於華語的第一聲調「55」，而最低的音值相當於漢語的「輕聲」，大約可以分爲「頭高型」、「中高型」、「尾高型」、「平板型」四種聲調。爲了注記臺灣語聲調，依據臺灣語羅馬音的聲調符號，做爲五十音注記的聲調符號標準，大致上可以達到對應的效果，但是遇到轉調時就會比較棘手。

（二）詞　彙

臺日兩種語言在詞彙結構上，有關差異性的問題，大約可以歸納爲幾種類別，分別敘述如下：

1. 順序顛倒

（1）風篩與台風

臺灣語「風篩」一詞，對應日本語則為「台風」，詞彙結構是先「謂語」後「主語」的形式，與臺灣語的詞彙結構相反。前述的日語「地震」是先主語後謂語，而同樣的日語「台風」卻是先謂語後主語，因此在對應華語做練習時，可能在學習上會有一些混淆的情形產生，必須特別做練習。

（2）掌管與管掌

臺灣語「掌管」一詞，日本語則為「管掌」，雖然漢字與意義相同，詞彙結構則恰恰相反。

2. 意義轉換

（1）來往與往復

臺灣語反義並列詞「來往」，是將兩個相反意義「來」與「往」所構成的一組詞彙，表「交往」的意思。反觀日語的詞彙「往復」一詞，並沒有「交往」的意思，而是表「來回」的意思，雖然「往復」也是屬於反義並列詞，但是它還是以字面上的意義為意義，與臺灣語的反義並列詞用法有所不同。

（2）風水與風水害

臺灣語「風水」一詞，代表「房屋座落的地理方位」的意思，雖然日本語也有「風水」一詞，詞彙結構與漢字使用完全一樣，但是意義與用法卻完全不一樣，例如「風水害」指「風災與水災」的意思。

3. 漢字變化

（1）地動與地震

臺灣語「地動」一詞，是「主語」與「謂語」所組成的名詞複合詞，可以當做名詞與動詞使用。對應日本語則為「地震」，雖然漢字有「動」與「震」的區別，但詞彙的結構形式是與臺灣語一樣的。

（2）澄清與澄明

臺灣語「澄清」一詞，日本語將後面的「清」字改變成為「明」字，在臺灣語的詞彙意義中，「清」與「明」都含有表示清澈的意思，因此日本語詞彙的變化並不奇怪。

（3）降低與降下

臺灣語「降低」一詞，日語將後面的「低」字改變成為「下」字，在臺

灣語的詞彙意義中，「低」與「下」都是指底下的角度或方位，因此日本語詞彙的變化並不奇怪。

（4）拾恨與恨抱

臺灣語「拾恨」是屬於動賓式複合詞，以相同意義的詞彙來說，日本語「恨抱」則是賓動式複合詞，雖然意義呈現與漢字使用大致是一樣的，但卻改變了臺灣語的構詞順序。

綜觀本節臺日兩種語言「差異性」的問題，在音韻方面，可以歸納為舌尖前音「ㄗ」、舌尖音「d」、鼻音韻尾「m」與「nn」、開口呼「o」、舌根塞音「k」、

雙唇塞音「p」、聲調等問題。在詞彙方面，可以歸納為順序顛倒、意義轉換、漢字變化等三種問題。總而言之，臺灣語的音韻、詞彙、語法具有多樣而豐富的樣貌，對日本人而言，必須分別予以辨識，方能順利地達到學習的目標。

（三）語　法

臺日兩種語言在語法上最大的差異性，在於「繁簡」的問題，有些語法日本語繁複，而臺灣語簡易，日本人在學習過程中，必須克服「由繁入簡」的問題；相反地，有些語法則是日本語簡易，而臺灣語繁複，日本人在學習過程中，所要面臨的問題則是「由簡入繁」。

1. 由繁入簡

（1）動詞時態

日本語的動詞時態劃分得很清楚，從字面上就可以判斷出過去、現在與未來等不同的時態，而臺灣語動詞本身並沒有時態的區分，必須透過「時間副詞」來表示，例如「昨昏暗恁有去看戲無」，「看戲」本身看不出時間性，因此必須再加上一個「時間副詞」，也就是「昨昏暗」才能看出這是過去式。日本語動詞本身的字形是變化多端的，以時態來說這個「看」字，現在式為「見る」；過去式為「見た」；現在進行式為「見ていた」；過去進行式為「見ている」等。日本人學習臺灣語時，因為臺灣語的動詞缺乏時態的種種變化形式，而讓日本人難以辨識而無所適從，這也就是「由繁入簡」所產生的困境。

（2）助詞用法

日本語在語法上利用許多「助詞」來輔助或強調說明句子的功能，例如

助詞「は」用來代表主詞的存在性；助詞「が」用來強調主詞的作用性；助詞「を」用來強調動詞的動作呈現；助詞「に」用來說明存在性或目的性；助詞「で」用來強調完成某一件事的手段；「から」代表起點；「まで」代表結束⋯⋯等，用法十分繁複而多樣。

反觀臺灣語似乎很少有在動詞之外再加上助詞的用法，只是簡單而純粹地描述一個動作或事件而已，例如臺灣語「落雨」一詞，對應日本語是「雨ガ降ります」，由於「下雨」是屬於自然現象，並非人為意志所能控制的動作，所以用「ガ」來強調「雨」的自然主體性。又如臺灣語「喫飯」一詞，很單純地只在說「吃飯」這件事情，對應日本語則是「ご飯を食べます」，此時助詞改變為「を」，用來強調「食べます」這個動作的意志性，這裏所強調的就不是「飯」的存在或出現了，這便是由日本語要跨越到臺灣語學習的「由繁入簡」現象。

（3）字形變化

日本語經常會透過字形的變化，來呈現詞性的類別，例如動詞的字形，通常會在字根後方出現「る」的字尾；動詞的字形，則會在字根後方出現「り」的字尾；動詞的字形，通常會在字根後方出現「い」或「な」的字尾；當形容詞或副詞後方連接動詞時，通常會在字根後方出現「く」的字尾；當兩個動詞連續使用時，則會在字根後方出現「たり⋯⋯たり⋯⋯」的字尾⋯⋯等，字形變化豐富而多樣，十分繁瑣，對於臺灣人學習日本語來說，是一項非常艱巨的負擔，必須克服字形變化的問題。

反觀臺灣語並沒有在字形上加以變化，同樣一個詞彙，可以代表動詞，也可以代表動名詞，例如「冤家」一詞，如果說「恁兩人在冤家」時，「冤家」當動詞使用；如果是「冤家變親家」，則「冤家」就轉化為對應「親家」一詞的名詞了。對日本人來說，是一種「由繁入簡」的學習問題。

2. 由簡入繁

（1）「著」字句

臺灣語「著」字句，使用範圍十分廣泛，可以用來表示多種意義，例如「着掃門口」的「着」字，是傳達一種必須執行的任務或職責，相當於日本語「ナサイ」的命令語。「到彼着幾日久」的「着」字，指的是時間的花費；「着若多錢」的「着」字，則是代表金錢上的花費，兩者都相當於日本語「カカリマス」的用法。「寫如此着不」的「着」字，相當於日本語「間違イナイ」，

也就是「正確」的意思。「着甚麼病」的「着」字，表示罹患疾病的意思，相當於日本語「罹リマス」的用法。「食有着」表示已經吃到了這個食物，相當於日本語「食べマシタ」。「拿能着」是「可以成功地抓到」，相當於日本語「捕ヘラレマス」的動詞連用形。

　　總觀上述臺灣語「着」的五種用法，包括必須達成的命令語，相當於日本語「ナサイ」；時間與金錢的花費，相當於日本語「カカリマス」；罹患疾病，相當於日本語「罹リマス」；正確，相當於日本語「正シイ」；完成，相當於日本語「マシタ」過去式形態用法。對於日本人來說，在這些不同的日本語詞彙中，竟然都可以對應臺灣語的「着」字，這正是「由簡入繁」的現象。

　　（2）「共」字句

　　前文介紹過日本語有許多「助詞」的用法，往往一個單純的臺灣語詞彙，可以代表不同的日本語助詞，這便是「由簡入繁」的學習障礙，現在以「共」字句為例子說明如下：

　　（2-1）「共」與「二」

　　臺灣語「有共伊參商無」的「共」字，相當於日本語「二」助詞的用法，用來表示「與」某人商量，整個句子可以翻譯為「彼二相談シマシタカ？」表示附著於對方談話的意思。

　　（2-2）「共」與「を」

　　臺灣語「共伊打」的「共」字，相當於日本語「を」助詞的用法，用來強調「打他」的動作，可以翻譯為「彼を毆リマシタ」，此時重點不在對象，而是在動作本身。

　　（2-3）「共」與「カラ」

　　臺灣語「此間厝共伊典的是不」的「共」字，相當於日本語「カラ」助詞的用法，表示從對方得來的意思，這句臺灣語可以對應「彼カラ抵當二取ッタノデス」的翻譯。

　　綜觀上述有關「共」這個漢字的三種用法，「共伊打」的「共」字，相當於「を」的助詞；「共伊參商」的「共」字，相當於「二」的助詞；「共伊典的」，相當於「カラ」的助詞。臺灣語一個「共」字，可以對應三種不同的日本語用法，這就是「由簡入繁」的學習狀況。

　　本文在研究過程中，也存在著一些困境，其一是「時代變遷的問題」，當

進行訪談耆老時，由於人類的壽命有限，臺灣日治時代包含日本的明治時代、大正時代、昭和時代三個時期，想要尋找至今仍然在世的耆老，而且耳聰目明可以接受訪談的，確實有一些困難之處。原本找到了明治時代出生而現今已一百多歲的耆老，可惜雙耳已失聰，無法接受訪談，而大正時代出生的人在日治時代正值青年之際，有大部分的人在當時參加戰爭而犧牲了性命，當然也難以尋覓，因此最後只能針對1922～1930年之間昭和時期受過日本學校正規教育的耆老們進行訪談。

　　本文進行訪談的這段時期，可以算是臺灣日治時代的末期，日本在統治臺灣的各方面政策上，無論是教育政策或社會文化政策，都已經步上軌道，尤其在教育方面已經是相當成熟的階段，在這段時期當中，只要受過日本正規學校教育的知識份子，都能百分之百完全地使用日本語來進行溝通，因此日本人學習臺灣語的情形也就不再如日治初期那麼樣的絕對必要了。但是昭和時期日本總督府依然繼續編制各種臺灣語教科書並加以發行，由此可見，即使到了臺灣日治時代的末期，日本人還是沒有放棄對臺灣語的研究與學習。

　　除此之外，隨著區域性的改變，社會狀況與文化現象也會存在著一些不同的差異性，而接受訪談的這些耆老們，除了少數北部與南部出生的人之外，大部分都是在中部出生成長，因此訪談記錄的結果可能會比較傾向中部地區的社會文化現象，無法代表整個臺灣全面性的社會狀況，而想要全面性地尋訪全臺灣至今仍健在的耆老，又是不太可能完成的艱巨任務，而這也是另一種研究上的困境。還有接受訪談的耆老們，教育程度與職業領域都不盡相同，隨著教育背景與職業性質的差異性，也會有一些不同的觀念與看法，諸如以上種種問題，都會在考證上存在著一些困境，身為一個土生土長的臺灣人，有必要將當時的那一段臺灣語學習與運用的社會狀況做一研究。

　　其次是「語言演變的問題」，日本語及臺灣語本身語言隨著時代而有所演變，以日本語來說，日本人在編制臺灣語教材時，為了方便日本人在學習上的便利性，利用他們自己所熟悉的日本語發音與漢字來拼讀，在這裏產生了兩個研究上的困境，一個是新舊五十音的問題，當時在教科書中所注記的拼音符號是「舊五十音」，與現代的「新五十音」有一些差異性，甚至電腦輸入也找不到這樣的舊字體，因此對於現在與未來的讀者來說，也會產生一些閱讀上的困難。另一個問題是日本語新舊漢字的演變，日本舊漢字比較傾向於目前臺灣所使用的正體漢字，而日本新漢字則經過一番演變而產生了許多差

異性，因此在進行研究時，會有新舊漢字判讀的問題產生，對於現今年輕輩的日本人來說，會產生一些閱讀上的困境。

以臺灣語的問題來說，臺灣語的語音本身就有地域性的差異，一般較爲通行的語音大約是漳州音與泉州音兩種，而日本人所編制的臺灣語教科書中，以臺灣總督府警察官及司獄官練習所於昭和十九年（1945）所發行的「臺灣語教科書」來做例子，這個版本在發行時，正值臺灣光復之前的一個月，也就是屬於日治時代的末期，就整個日治時代的臺灣語學習狀況來說，應該可以列歸於臺灣語教科書中最成熟的作品，而這個版本所使用的語音大致上以漳州音爲主，但是有時會夾雜著泉州音，這也造成了研究與考證上的困境。另外，臺灣語在漢字上的使用，長久以來就存在著一些爭議，不同的版本有不同的漢字選用，沒有一個固定的規則可供依循，時至今日也是一個學術上爭執的問題，而這些問題都是研究上的一些困境，成爲未來的研究課題。

第二節　未來研究的展望

一、臺灣語試題的設計

自從明治 28 年（1895）5 月 16 日公布台灣總督府臨時條例開始，民政局學務部部長伊澤修二提出第一要緊事業是教員與新領土官吏養成以及教導本島人國語理解的養成，其中的培訓科目大多包含臺灣語的課程，以便將來在臺灣能擔任各項公私的業務，因爲當時在臺灣社會上所通行的語言是以臺灣語和日本語爲主。另外，總督府國語學校「師範部」爲了訓練國語傳習所、師範學校的教員，以及小學校長的養成，其培訓學科也包含臺灣語，以便將來能在臺灣各處擔任教育事業。

有關小公學校教員的檢定考試當中，有一科最特別的科目就是「臺語科」，例如大正 12 年度（1923）至大正 15 年度（1926）的小公學校教員的檢定考試試題，在試題的設計上，是以翻譯爲主，分爲兩種題型，分別是國語臺譯與臺語和譯，也就是將日本語翻譯爲臺灣語以及將臺灣語翻譯爲日本語，而內容大部分都是以臺灣諺語及日常用語爲主。以諺語來說，例如大正十二年度的臺語和譯試題：「俗語所講錢無二文跌沒嗚，兩個計計不好所以即能冤家。」考生要將臺灣語的俗語翻譯成日本語，是有一些難度的，不僅要對臺灣語的俗語有通盤透徹的了解，還要能夠對應日本語適合的詞彙，俗語

或諺語是代表一個民族或地方長久以來的文化與習慣，因此要將兩個不同民族血統、不同文化背景、不同語言系統、不同風俗習慣的諺語勉強做一聯結，在根本上是有一些困難的。

另外，以日常生活習慣來說，例如同樣大正十二年度的國語臺譯試題：「品物をヨク整頓シテ置ィタラ急用二應ズルコトが出來、マタ紛失ノ憂モアリマセン。」這整句話相當於華語「東西如果好好地整理，物歸原處擺放好的話，當緊急事件發生時，就不會有弄丟的憂慮。」考生必須將整句話的意思用臺灣語翻譯寫出來，如果與前文所述例句，要將臺灣諺語翻譯成日本語的試題做一比較的話，這種日常生活上的常識或習慣用語是較為容易做答的。

日本人在臺灣日治時代積極地推廣日本語，並努力研究與學習臺灣語，在昭和時代以前的大正時代為止，歷年以來的小公學校或國家公務員的培訓科目也都少不了臺灣語的科目，就連考試科目也都會有臺灣語科的存在，而有關歷年來的臺灣語科目的試題設計，以及答題的技巧與方式，都可以用來作為考證當時臺灣語學習狀況的輔助資料，而這些都是未來值得研究的議題。

二、警察運用臺灣語的現象

警察體系的臺灣語教科書中，除了本文所據以為研究的版本，臺灣總督府警察官及司獄官練習所於昭和 19 年（1945）所發行的《臺灣語教科書》之外，想要了解警察運用臺灣語的現象，還有其他文獻資料可提供參考，例如當時臺北州的巡查熊谷良正所作的《台灣語之研究》，由於這本書是昭和 4 年（1930）的作品，比臺灣總督府《臺灣語教科書》的年代更早，因此可以做為未來比較研究的版本，若將兩種版本進行比較研究的話，就能進一步了解當時日本警界學習臺灣語的沿革與演變。

至於警察人員在學習臺灣語之後運用在日常生活中的現象，可以從平日與民眾對話或是向民眾訓話的例子中看出，例如昭和 10 年（1935）出版的《警察官對民眾臺語訓話要範》中，包含了警察職務的說明、對飲食店營業者的訓話、一般交通的訓話、一般衛生的訓話、保甲會議席上的訓話、對壯丁團員的訓話、對理髮營業者的訓話、有關思想取締的訓話、有關保護釋放者的訓話、有關吸食阿片的訓話、有關修養的訓話……等，都是寶貴的歷史檔案資料。

在這些警察向民眾訓話的例子中，不僅可以看出當時日本警察與臺灣民

眾的關係，更是研究警察體系的臺灣語學習狀況的重要文獻資料，但是這些臺灣語的訓話內容是否都能運用到現實社會的日常生活中，以及文獻裏面所記載的語彙與當時臺灣社會上所實際使用的語彙存在著多少差異性，還有語音與聲調的變化性問題要如何克服，這些語言學習的狀況以及語言運用的現象，不僅代表當時一種歷史文化的歷程，也都是未來值得研究的議題。

三、對日華語教學的運用

　　華語及日本語因為自唐代開始就一直持續著長時間的文化交流，產生了極密切的關係，而華語自臺灣光復以來就一直是臺灣當地語言的主流，因此臺灣語、華語、日本語三種語言之間有著解不開的關聯性，當我們了解到日本人學習臺灣語的種種困境之後，對於現今全球的學習華語熱潮有什麼樣的啓發，是本節所要探討的議題。尤其是對日華語教學這個領域，臺灣、中國、日本都是同樣使用漢字的文化圈，在相同的漢字源流之下，經歷長時期的變化，產生許多不同以往的漢字音韻與意義，當我們面對學習華語的日本人時，如果能對臺灣語及日本語的關聯性做一了解，並運用這些歷史上曾經被嘗試過的語言學習經驗，以及語言學習的困境，可望較易研擬出一套適合日本人的華語教學策略。

　　總而言之，自臺灣日治時代的臺灣語學習狀況所延伸出來的研究議題，可以區分為很多的種類，包括語言學習、社會現象、風俗文化、政治管理、民族意識、歷史軌跡……等。隨著研究者領域的不同，可以延伸許多不同的研究議題，身為一個學術研究者，以語言學研究這個領域來說，踏著過往歷史的軌跡，依循著前人所走過的足跡，將昔人所經歷過的語言學習上的成果與收穫，做為我們語言學習上的典範，而昔人所遭遇的困境與失敗，也可以做為我們未來語言學習上的借鏡，讓我們得到知古鑑今、繼往開來的豐富涵養。

參考文獻

一、辭典（依出版年次順序）

1. 沈富進《彙音寶鑑》，嘉義，文藝學社出版社，（1954）。

2. 村上嘉英《現代閩南語辭典》，日本，天理大學出版部，1981年。

3. 邱文錫、陳憲國合編《實用華語臺語對照典》，臺北，樟樹出版社，1996年。

4. 邱文錫、陳憲國合編《實用臺灣諺語典》，臺北，樟樹出版社，1999年。

5. 董忠司總編《臺灣閩南語辭典》，臺北，五南圖書出版有限公司，2000年。

6. 王育德《台灣語常用語彙》臺北，前衛出版社，2002年。

7. 吳金澤《常用台語字源》，臺北，前衛出版社，2005年。

8. 臺灣總督府原著，王順隆重編《重編新訂日台大辭典》，臺北，臺灣總督府，2007年。

9. 村上嘉英編《東方台灣語辭典》，東京，東方書店，2007年。

二、專　書

（一）日治時代文獻（依出版年次順序）

1. 川上廣樹《唐宋八家文讀本》，東京，六合館，明治27年（1895）。

2. 侯野和吉《軍人用臺灣語》，東京，軍事教育會，明治30年（1898）。

3. 《訂正臺灣十五音字母詳解》，臺灣總督府民政部學務課，明治34年（1901）。

4. 《台灣教育志稿》第二章「學校志」，臺灣總督府，明治35年（1903）。

5. 川合眞永《通信教授臺灣語講義錄》，臺北，臺灣語通信研究會，大正1年（1912）。

6. 范亞丕《臺灣語捷徑》，臺北，臺灣子供世界社，大正 11 年（1922）。

7. 作者不詳《專賣局臺灣語典》，臺北，臺灣總統府專賣局，大正 12 年（1923）。

8. 田中均《臺灣各中等學校入學試驗問題集》，臺北，臺灣受驗準備研究會，大正 15 年（1926）。

9. 《昭和 2 年度全島中等學校入學試驗問題集》，臺北，臺灣受驗準備研究會，昭和 2 年（1927）。

10. 吉野秀公《台湾教育史》，臺北，南天書局有限公司，昭和 2 年（1927）。

11. 《臺灣總督府小公學校教員檢定試驗文題集》，臺北，長谷川タカチオ發行，昭和 2 年（1927）。

12. 國語漢文研究會編《新定國文之讀本》，東京，目黑書店，昭和 3 年（1928）。

13. 《昭和 4 年度全島中等學校入學試驗問題集》，臺北，臺灣受驗準備研究會，昭和 4 年（1929）。

14. 熊谷良正《臺灣語之研究》，臺北，臺灣日日新報社，昭和 4 年（1930）。

15. 北一師附公研究部《讀方教育の研究》，臺北，第一教育社，昭和 5 年（1930）。

16. 岡田正之《新制漢文讀本》，東京，開成館，昭和 6 年（1931）。

17. 今田祝藏《刑務所用台灣語集》，臺北，新高堂，昭和 8 年（1933）。

18. 陳輝龍《臺灣語法》，臺北，臺灣語學社，昭和 9 年（1934）。

19. 小野西洲《警察官對民眾台語訓話要範》，臺北，小野眞盛發行，昭和 10 年（1935）。

20. 張燿堂《新選臺灣語教科書》，臺北，村崎長昶發行，昭和 10 年（1935）。

21. 吉川省三編《昭和十二年度全島中等學校入學試題問題解答・國語の部》，臺北，臺北活版社，昭和 11 年（1936）。

22. 《昭和 11 年度全島中等學校入學試驗問題集》，臺北，臺灣受驗準備研究會，昭和 11 年（1936）。

23. 語言研究會《漢字起源の研究》，東京市，成光館，昭和 11 年（1936）。

24. 草壁龜雄《福建讀本》，東京市，南支研究會，昭和 13 年（1937）。

25. 田淵武吉《公學校用國語讀本指導書》，臺北，東都書籍株式會社臺北支店，昭和 12 年（1937）。

26. 吉川省三編《昭和十二年度全島中等學校入學試題問題解答・國史、地理、理科の部》，臺北，臺北活版社，昭和 13 年（1938）。

27. 鈴木質《國民的行事と作法》，臺北，村崎長昶，昭和 13 年（1938）。

28. 佐藤源治《台湾教育進展》，臺北，成文書局，昭和 18 年（1943）。

29. 臺灣總督府《台灣事情》，臺北，臺灣總督府，昭和 18 年（1943）。

30.《臺灣語教科書》，臺北，臺灣總督府警察官及司獄官練習所，昭和 19 年（1945）。

31. 高松政雄《日本漢字音概論》東京，風間書房，昭和 61 年（1961）。

（二）臺灣光復後文獻（依姓名筆劃順序）

1. 丁邦新《臺灣語言源流》，臺北，學生書局，1979 年。

2. 王育德《台湾語音の歴史的研究》，東京都，第一書房，1987 年。

3. 王育德《臺灣語常用語彙》，臺北縣中和市，前衛出版，2000 年。

4. 尤東旭《中日の形容詞における比喩的表現の対照研究》，東京，白帝社，2004 年。

5. 方美麗《移動動詞と空間表現——統語論的な視点から見た日本語と中国語》，東京，白帝社，2004 年。

6 何淑貞等《華語文教學導論》臺北，三民書局股份有限公司，2008 年。

7. 李園會《日據時期臺灣教育史》，臺北，編譯館，2005 年。

8. 余光雄譯，道格拉斯・布朗（H.Douglas Brown）著《第二語教學最高指導原則》，臺北，臺灣培生教育出版股份有限公司，2002 年。

9. 林品桐譯著《臺灣總督府公文類纂教育史料彙編與研究・明治 29 年七月至明治三十四年十二月》南投，臺灣省文獻委員會，2001 年。

10. 林錦川《日語語法之分析》，臺北，文笙書局股份有限公司，2008 年。

11. 林慶勳《台灣閩南語概論》，臺北，心理出版社，2001 年。

12. 竺家寧《詞彙之旅》，臺北，正中書局股份有限公司，2009 年。

13. 洪惟仁《臺灣河佬話語聲調研究》臺北，自立晚報，1985 年。

14. 洪惟仁《臺灣十五音字母》，出版地不詳，臺語資料服務中心，1991 年。

15. 洪惟仁《台灣語言危機》臺北，前衛，1992 年。

16. 洪惟仁《台灣方言之旅》，臺北，前衛出版社，1992 年。

17. 高名凱《漢語語法論》臺北，開明書局，1993 年。

18. 高名凱等《語言學概論》北京，中華書局，2001 年。

19. 高淑清《質性研究的 18 堂課——首航初探之旅》，高雄，麗文文化事業股份有限公司，2008 年。

20. 高淑清《質性研究的 18 堂課——揚帆再訪之旅》，高雄，麗文文化事業股份有限公司，2008 年。

21. 徐子亮、吳仁甫《實用對外漢語教學法》，北京，北京大學出版社，2005 年。

22. 許極燉《台灣語概論》，臺北，臺灣語文研究發展基金會，1992 年。

23. 許極燉《台語學講座》，新店，開拓出版社，2003 年。

24. 張振興《台灣閩南方言記略》，臺北，文史哲出版社，1997 年。

25. 陳弘昌《國小語文科教學研究》，臺北，五南圖書出版股份有限公司，1999 年。

26. 陳弘昌《大唐西域記詞彙研究》，臺北，文津出版社有限公司，2007 年。

27. 陳培豐《「同化」の同床異夢:日本統治下台灣の國語教育再考》東京，三元社，2001 年。

28. 黃沛榮《漢字教學的理論與實踐》，臺北，樂學書局有限公司，2003 年。

29. 湯廷池《閩南語語法研究試論》，臺北，臺灣學生書局，1999 年。

30. 黃朝茂《漢日語語法比較論文集》，臺北，致良出版社有限公司，1994 年。

31. 連橫《臺灣語典》，臺北，大通出版社，1995 年。

32. 湯廷池《閩南語語法研究試論》，臺北，臺灣學生書局，1999 年。

33. 楊秀芳《台灣閩南語語法稿》，臺北，大安出版社，1994 年。

34. 楊碧川《簡明台灣史》，高雄，第一出版社，1987 年。

35. 楊德峰《日本人學漢語常見語法錯誤釋疑》，北京，商務印書館，2008 年。

36. 葉德明《華語文教學規範與理論基礎》，臺北，師大書苑有限公司，1999 年。

37. 葉蜚聲等《語言學綱要》，臺北，書林出版有限公司，1993 年。

38. 董同龢《漢語音韻學》，臺北，文史哲出版社，1983 年。

39. 董忠司《臺灣閩南語概論講授資料彙編》，臺北，臺灣語文學會，1995 年。

40. 董忠司《臺灣語語音入門》，臺北，遠流出版社，2001 年。

41. 葛本儀《語言學概論》，臺北，五南圖書出版股份有限公司，2002 年。

42. 蔡茂豐《台灣日本語教育の史的研究》，臺北，大新書局，2003 年。

43. 鄭良偉《臺灣福建話的語音結構及標音法》，臺北，學生書局，1991 年。

44. 錢乃榮主編《現代漢語概論》，臺北，師大書苑有限公司，2002 年。

45. 盧廣誠《台灣閩南語詞彙研究》，臺北，南天書局，1999 年。

46. 盧廣誠《台灣閩南語概要》，臺北，南天書局，2003 年。

47. 謝國平《語言學概論》，臺北，三民書局股份有限公司，2006 年。

48. 臺灣教育會《台灣教育沿革誌》，臺北，南天書局，1995 年。

49. 台灣總督府編《台灣教育志稿》東京都，大空社，1998 年。

50. 國立臺灣師範大學國音教材編輯委員會編纂《國音學》，臺北，正中書局股份有限公司，2002 年。

51. 日本臺灣語言文化協會《日本臺灣語言文化協會誌》，東京市，日本臺灣

語言文化協會，2006 年。

52. 篠原正巳《台湾語雜考》，東京，致良出版社，1993 年。

53. 矢内原忠雄《帝國主義下的臺灣》，1934 年東京二刷發行；1997 年臺北南天書局有限公司三刷發行。

54. 矢内原忠雄《帝國主義下の台灣》臺北，南天書局，1997 年。

55. 篠原正巳《日本人と台湾語：続台灣語雑考》，東京，致良出版社，1999 年。

56. 田村志津枝《台灣人和日本人:基隆中學 F-man 事件》汪平，林雅婷譯，臺北，玉山社，1999 年。

57. 坂本英子《從華語看日本漢語的發音》，臺北，臺灣學生書局，1990 年。

三、期刊與發表會論文

（一）中文（依姓名筆劃順序）

1. 卜祥忠〈談漢語外來詞的"漢化"現象〉，《泰安師專學報》第 24 卷第 4 期，頁 92～94，2002 年。

2. 于嗣宜〈閩南語數字成語──概念結構解析與數字的意義〉，《第一屆台灣語文研究及教學國際學術研討會論文集》，頁 361～373，靜宜大學台灣語文學會主辦，2004 年。

3. 王立達〈現代漢語中從日語借來的辭彙〉，《中國語文》1958 年 2 月號，頁 90～95，1958 年。

4. 王吉堯〈漢語中古音系與日語吳音漢音音系石定果合著對照〉，《音韻學研究》，頁 187～219，1984 年。

5. 王希杰〈從新詞語看語言與社會的關係〉，《世界漢語教學》第 3 期，頁 161~166，1991 年。

6. 王順隆〈《日台大辭典》與《新訂日台大辭典》的比較〉，《國立中央圖書館台灣分館館刊》，第 6 卷第 4 期，中和，國立中央圖書館台灣分館，頁 167～182，2000 年。

7. 王順隆〈台語中日語外來語之聲調與日語音節結構的對應關係〉，《2005 語文教學國際學術研討會論文集》，台南：南台科技大學，頁 265～281，2005 年。

8. 王鐵昆〈漢語外來語的文化心理透視〉，《文字語言學》，第 8 期，頁 75～90，1993 年。

9. 尤雅姿〈由「波霸」的登陸談漢語中的外來詞〉，《國文天地》7 卷 4 期，頁 68～70，1991 年。

10. 史有爲〈從日語中的外來詞談起〉，《語文建設通訊》第 46 期，頁 13～17，1994 年。

11. 史存直〈日譯漢音、吳音的還原問題〉,《音韻學研究》第二輯,頁 172~186,1986 年。

12. 吳永煥〈漢語日源借詞的語言文化透視〉,《語文學刊》第 2 期,頁 23~25,2000 年。

13. 吳坤明〈臺灣閩南語之淵源與正名〉,《臺灣學研究》第五期,頁 54~73,2008 年。

14. 吳思聰〈漢語外來詞對漢語詞彙系統的影響〉,《雲南師範大學學報(哲學社會科學版)》第 35 卷第 1 期,頁 102~107,2003 年。

15. 周玉琨〈論由漢字帶來的漢語日源外來詞──日語借形詞〉,《漢字文化》1998 年 04 期,頁 18~22,1998 年。

16. 周剛、吳悦〈二十年來新流行的日源外來詞〉,《漢語學習》第 5 期,頁 72~78,2003 年。

17. 姚榮松〈台灣現行外來語的問題〉,《師大學報》,第 37 期,台北,國立台灣師範大學,頁 35~48,1992 年。

18. 洪惟仁〈閩南語輕聲及其語法、語用分析〉,黃宣範編《第二屆台灣語言國際研討會論文選集》,頁 419~445,文鶴出版有限公司,1998 年。

19. 夏茜〈新加坡華語中的日語借詞〉,《語文建設通訊》第 75 期,頁 69~72,2003 年。

20. 張淑敏〈爲閩南語動詞試定界説〉,黃宣範編《第二屆台灣語言國際研討會論文選集》,頁 243~259,文鶴出版有限公司,1998 年 8 月。

21. 張學謙〈台語虛詞的語層及語用〉,黃宣範編《第二屆台灣語言國際研討會論文選集》,頁 451~461,文鶴出版有限公司,1998 年。

22. 陳麗君〈台灣日語借用語之意義與使用的考察〉,《台灣語言與語文教育》,第 2 期,新竹,國立新竹師範學院,頁 91~98,2000 年。

23. 陳麗君〈台灣閩南語における日本語からの借用語〉,《南台應用日語學報》,第 4 期,台南,南台科技大學,頁 35~43,2004 年。

24. 黃宣範〈談中國語文中的外來語〉,《綜合月刊》第 42 期,頁 191~192,1972 年。

25. 湯廷池〈閩南語的是非問句與正反問句〉,董忠司主編《台灣語言發展學術研討會論文集》,頁 393~411,1997 年。

26. 游子宜〈臺灣閩南語音隨義主初探〉,董忠司主編《台灣語言發展學術研討會論文集》,頁 121~137,1997 年。

27. 連金發「台灣閩南語詞綴『仔』的研究」,黃宣範編《第二屆台灣語言國際研討會論文選集》,文鶴出版有限公司,頁 75~83,1998 年。

28. 董昭輝〈從閩南語人稱代詞之調型談起〉,《第一屆台灣語言國際研討會論文集》,國立台灣師範大學國文學系主辦,頁 c6~01~07,1999 年。

29. 趙博源〈日漢語吸收外來詞的不同方式〉,《日語知識》第 10 期,頁 35～38,1994 年。

30. 趙順文,〈日製台語再探〉,《2004 台灣羅馬字國際研討會論文集》,台南,國立成功大學,頁 35～41,2004 年。

31. 廖淑鳳〈台灣生動重疊詞的特別語型現象〉,《第一屆台灣語文研究及教學國際學術研討會論文集》,靜宜大學台灣語文學會主辦,頁 77～81,2004 年。

32. 劉曉霞〈漢日翻譯中的疏漏錯誤〉《日語知識》第 5 期,頁 31～32,1996 年。

33. 劉曉霞〈社會變化與日語新詞〉,《日語知識》第 7 期,頁 18～19,2000 年。

34. 劉曉霞〈從日語借詞看日語對漢語的影響〉,《日語知識》第 5 期,頁 24～25,2001 年。

35. 劉繼萍〈日漢外來語的對比分析〉,《日語知識》第 10 期,頁 22～24,2002 年。

36. 蕭宇超〈輕聲與音節連併〉,《第一屆台灣語文研究及教學國際學術研討會論文集》,靜宜大學台灣語文學會主辦,頁 78～83,2004 年。

37. 鄭縈〈閩南語形容詞重疊式的一些特點〉,《第一屆台灣語言國際研討會論文集》,頁 c9～01～13,國立台灣師範大學國文學系主辦,1999 年。

(二)日文(依出版年順序)

1. 樋口靖〈台湾語の声調体系〉,《言語文化論集》第 3 號,頁 111～133;第 4 號,頁 47～62,1978 年。

2. 樋口靖〈台湾境内閩南方言的語音特点〉《言語文化論集》第 10 號,頁 95～102,1981 年。

3. 張良澤〈台湾に生き残った日本語－国語教育より論ずる〉,《中国語研究》第 22 卷,頁 1～36,1983 年。

4. 村上嘉英〈臺灣閩南方言中來自日語的外來詞〉,《天理大學學報》第 148 號,頁 1～6,1986 年。

5. 樋口靖〈台湾語の音節構造について〉,《言語文化論集》第 33 號,頁 77～91,1991 年。

6. 提智子〈常用台湾語の話し言葉の中の日本語とその関連事項〉,《天理大學別科日本語課程紀要》第 5 號,頁 150～160,1994 年。

7. 張良澤〈日治時代台語正規教育始末〉,董忠司主編《台灣語言發展學術研討會論文集》,頁 523～534,1997 年。

8. 樋口靖〈日治時代台語漢字用法〉,董忠司主編《台灣語言發展學術研討

會論文集》，頁 47～59，1997 年。

9. 村上嘉英〈閩南語における日本語語彙の受容樣態〉，《天理大學學報》第 119 號，頁 27～43，出版年不詳。

四、學位論文（依姓名筆劃順序）

1. 王家瑜《閩南語「白話音」と日本吳音についての一考察——吳語との比較もかねて—》，東吳大學日本語文學系碩士論文，1998 年。

2. 王國齡《台灣の中國語における日本からの新しい借用語の研究—日本流行文化の影響による新しい借用語を中心に—》，東吳大學日本語文學系碩士論文，2003 年。

3. 呂昭惠《現代漢語新詞語料的整理與研究》，文化大學中文研究所碩士論文，1988 年。

4. 吳致君《漢語借詞之研究》，國立高雄師範大學國文學系碩士論文，1995 年。

5. 吳炳煌《日本「漢音」與閩南語讀書音的關係(陽聲韻爲中心)》，東吳大學日本語文學系碩士論文，1998 年。

6. 吳聖雄《日本吳音研究》，國立臺灣師範大學國文研究所博士論文，1991 年。

7. 杜珮宜《台灣當代漢語外來詞研究》台北市立教育大學應用語言文學研究所碩士論文，2006 年。

8. 林思怡《日台外來語についての一考察—變貌と受容を中心に—》東吳大學日　本語文學系碩士論文，2005 年。

9. 紀麗惠《閩南語和日本漢音對應規律的研究》，東吳大學，日本研究所碩士論文，1985 年。

10. 徐汶宗《台灣における日系借形語の一考察》銘傳大學應用日語學系碩士論文，2006 年。

11. 黃本元《入聲韻尾の研究—いわゆる新漢音と閩南系方言との關係》，東吳大學日文研究所碩士論文，1983 年。

12. 楊秀芳《閩南語文白系統的研究》，臺灣大學中國文學研究所博士論文，1982 年。

13. 楊馥綺《日本漢字音與日本學生學習漢語語音之關聯》，國立臺灣大學文學院中國文學系碩士論文，2007 年。

14. 陳麗君《口語台湾語における日本語からの借用語の研究——社会言語學の視点から》，新瀉大學人文科學研究科修士論文，1999 年。

15. 劉月菊《台日兩言語における言葉の意味とその役割について—依賴・斷り表現を中心に》，東吳大學日本語文學系碩士班畢業論文，2007 年。

16. 賴巽匯《從台灣地區使用的日語借詞看「台語」的發展歷程——檢討台灣的台灣閩南語教育政策—》東吳大學日本語文學系碩士論文，2005 年。

17. 盧昆郁《台灣國語中網路語言的閩南語及日語借詞：語音優先原則應用在漢字上的限制》輔仁大學語言學研究所碩士論文，2007 年。

18. 鄭智銘《日劇在臺所引發之哈日風潮研究》，中國文化大學日本語文學研究所碩士論文，2004 年。

19. 山口要《台灣閩南語的日語借詞研究》國立中山大學中國文學系研究所碩士論文，2007 年。

20. 太田智惠《從社會語言學看台灣的方言使用情形(並與日本比較) 》東吳大學/日本語文學系碩士論文，2003 年。

21. 杉谷實穗《台灣語のシラブルと日本語からの借用語》東吳大學日本語文學系碩士論文 2004 年。

22. 佐藤圭司《「普通話」と「台灣國語」の對照研究—「台灣國語」にひそむ日本語からの借用語彙を中心に—》東吳大學日本語文學系碩士論文，1997 年。

附件一　耆老訪談資料表

編號	姓名	性別	出生日	出生地	日治時代 日本教育	日治時代職業	訪談日期
1	黃結	男	民 10 年	廣東	私塾	屏東乘合 修車場	2009.9.23
2	陳肇雲	男	民 13 年	東勢	東勢公學校 台中工藝專 修學校	海軍航空部隊	2009.9.26
3	劉五娘	女	民 15 年	土牛	土牛公學校	自動車株式會社	2009.9.26
4	劉源川	男	民 17 年	月眉	月眉公學校 彰化高工初 級機械	無	2009.9.27
5	范琳妹	女	民 19 年	外埔	外埔公學校	無	2009.9.27
6	賴深	男	民 11 年	臺中	村上公學校 村上高等科	臺中郵局營業部	2009.9.27
7	張清江	男	民 18 年	臺中	村上公學校 村上高等科	臺中遞信事務所	2009.9.30
8	林瑞成	男	民 11 年	潭子	豐原公學校	建設公司	2009.9.30
9	盧景村	男	民 17 年	高雄	屏東公學校 屏東農業專 科學校	無	2009.10.7
10	賴勤	女	民 15 年	臺中	幸公學校	臺中遞信事務所	2009.10.7
11	黃淑媛	女	民 19 年	臺北	老松公學校 第三高等女 學校	無	2009.10.17

12	謝麗娟	女	民 12 年	彰化	民生公學校 彰化高等女 學校	彰化社口公學校	2009.10.17
13	江惠蓮	女	民 21 年	臺中	明治公學校 臺中高等女 學校	無	2009.10.21
14	江重蕃	男	民 17 年	臺中	明治公學校 臺中第二中 學校	陸軍倉庫	2009.10.21
15	林瑞壁	女	民 17 年	豐原	豐原女子公 學校、瑞穗 女子公學 校、彰化高 等女子學校	潭子公學校教員	

【耆老訪談表】

編號：1

一、受訪者姓名：黃結

二、性別：男

三、出生日期：10 年 8 月 23 日（農曆）

四、出生地：中國廣東，民國 26 年（16 歲）來台探親並短期工作，不料二年後遇 77 事變，日本人限制出境以致無法回中國

五、教育程度：國小，漢語教育，沒有接受過日語教育，但是會聽並會說一點簡單的日語

六、職業：國小畢業後在台灣某家米店工作二年，其後在製糖機器工廠上班，由於遭到美國砲彈攻擊（砲擊）而倒閉，遂至屏東客運（屏東乘合）修車場工作至退休

七、受訪日期：98 年 9 月 23 日

八、受訪時間：上午 9 時 0 分起至 10 時 2 分結束

九、地點：台中市住家

十、訪談人：王森田

【耆老訪談表】
編號：2

一、受訪者姓名：陳肇雲

二、性別：男

三、出生日期：民國 13 年 5 月 8 日

四、出生地：東勢

五、教育程度：東勢國小六年、東勢國小高等科一年、台中工藝專修學校（今台中高工）三年（相當於初中畢業）

六、職業：昭和 16 年 18 歲進入海軍航空部隊（從台中工藝專修學校當中選出 10 人），先在崗山學習兩年，專門修理轟炸機和戰鬥機（大修），屬於地勤部隊，當時台灣人不能當機長開飛機，後來才開放。昭和 18 年調至新竹（40 人選 1 人）專修轟炸機和戰鬥機（小修）至 23 歲台灣光復

七、受訪日期：民國 98 年 9 月 26 日

八、受訪時間：下午 3 時 15 分起至 5 時 35 分結束

九、受訪地點：受訪人自宅（東勢）

十、訪談人：王森田

【耆老訪談表】

編號：3

一、受訪者姓名：劉五娘

二、性別：女

三、出生日期：民國 15 年

四、出生地：土牛

五、教育程度：土牛國小

六、職業：自動車株式會社家事管理員

七、受訪日期：民國 98 年 9 月 26 日

八、受訪時間：下午 3 時 15 分起至 5 時 35 分結束

九、受訪地點：受訪人自宅（東勢）

十、訪談人：王森田

【耆老訪談表】
編號：4

一、受訪者姓名：劉源川

二、性別：男

三、出生日期：17 年 4 月 9 日

四、出生地：后里月眉

五、教育程度：月眉國小六年、彰化商工初級機械二年

六、職業：光復後初三學中文，陳誠主席舉辦第一屆職業訓練班，訓練高職
以上人成為公教人員，一個月後任職於大安鄉公所土木幹事五個月、導師
介紹彰化高工任教三年、沙鹿高工籌備建校創男女兼收制度、東勢高工退
休

七、受訪日期：98 年 9 月 27 日

八、受訪時間：上午 7 時 45 分起至 9 時 13 分結束

九、受訪地點：受訪人自宅（豐原）

十、提供資料：彰化高工師生於彰化神社前攝影、小學時在台北神社前攝影

十一、訪談人：王森田

【耆老訪談表】

編號：5

一、受訪者姓名：范琳妹

二、性別：女

三、出生日期：民國 19 年 9 月 8 日

四、出生地：台中縣外埔鄉六分村

五、教育程度：外埔公學校

六、職業：無

七、受訪日期：98 年 9 月 27 日

八、受訪時間：上午 7 時 45 分起至 9 時 13 分結束

九、受訪地點：受訪人自宅（豐原）

十、訪談人：王森田

【耆老訪談表】

編號：6

一、受訪者姓名：賴深

二、性別：男

三、出生日期：民國 11 年 9 月 8 日

四、出生地：台中市南屯區田心犁頭店

五、教育程度：南屯國小六年、村上高等科

六、職業：郵局營業部主任至 25 歲台灣光復

七、受訪日期：民國 98 年 9 月 27 日

八、受訪時間：上午 10 時 56 分起至 12 時 15 分結束

九、受訪地點：受訪人自宅（台中）

十、訪談人：王森田

【耆老訪談表】
編號：7

一、受訪者姓名：張清江

二、性別：男

三、出生日期：18 年 7 月 21 日

四、出生地：台中市

五、教育程度：村上公學校、村上高等科二年

六、職業：台中郵便局（郵局與電信不分）

七、受訪日期：民國 98 年 9 月 30 日

八、受訪時間：下午 4 時 00 分起至 5 時 15 分結束

九、受訪地點：受訪者自宅（台中）

十、訪談人：王森田

【耆老訪談表】
編號：8

一、受訪者姓名：林瑞成

二、性別：男

三、出生日期：民國 11 年 2 月 11 日

四、出生地：潭子新田

五、教育程度：豐原公學校

六、職業：學木匠 3 年 4 個月、學建築（蓋日式房子）3 年 4 個月、七、光復
後改成台灣人經營的營造場，繼續做到 60 歲退休

八、經歷日治時代的時間：25 年

九、受訪日期：民國 98 年 9 月 30 日

十、受訪時間：晚 7 時 20 分起至 8 時 10 分結束

十一、受訪地點：受訪者自宅（豐原）

十二、訪談人：王森田

【耆老訪談表】
編號：9

一、受訪者姓名：盧景村

二、性別：男

三、出生日期：民國 17 年 10 月 17 日

四、出生地：高雄市小港區（庄）

五、教育程度：屏東公學校、高雄州立屏東農業學校五年制（民國 35 年畢）
　　視同高中畢業

六、職業：光復時高中畢業

七、受訪日期：民國 98 年 10 月 7 日

八、受訪時間：中午 12 時 58 分起至 2 時 20 分結束

九、受訪地點：台中春水堂茶館

十、訪談人：王森田

【耆老訪談表】
編號：10

受訪者姓名：賴勤

二、性別：女

三、出生日期：民國 15 年 7 月 1 日

四、出生地：台中市中區

五、教育程度：幸（さいわい）公學校（女子學校）（現居仁國中）

六、職業：遞信事務所交換手（接線生）

七、受訪日期：民國 98 年 10 月 7 日

八、受訪時間： 晚 7 時 50 分起至 8 時 45 分結束

九、受訪地點：受訪者自宅（台中）

十、訪談人：王森田

【耆老訪談表】

編號：11

受訪者姓名：黃淑媛（平井→ひらい）

二、性別：女

三、出生日期：19 年 9 月 16 日（昭和 5 年）

四、出生地：台北艋舺

五、教育程度：老松公學校六年、台北第三高女二年（中山女高）遇戰爭而
　　　沒有繼續念書

六、職業：無

七、受訪日期：98 年 10 月 17 日

八、受訪時間：上午 9 時 50 分起至 10 時 50 分結束

九、受訪地點：受訪者自宅（台北）

十、訪談人：王森田

【耆老訪談表】

編號：12

一、受訪者姓名：謝麗娟

二、性別：女

三、出生日期：12 年

四、出生地：彰化

五、教育程度：民生公學校 6 年、補習班 1 年、彰化高女四年

六、職業：台中講習 20 日後至彰化社口公學校 2 年、彰化電力公司 1 年（結婚後離職）

七、受訪日期：民國 98 年 10 月 17 日

八、受訪時間：晚 6 時 50 分起至 7 時 30 分結束

九、受訪地點：受訪者自宅（台北）

十、訪談人：王森田

【耆老訪談表】

編號：13

一、受訪者姓名：江惠蓮（江村惠子：えむらけいこ）

二、性別：女

三、出生日期：民國 21 年（昭和 7 年）

四、出生地：台中

五、教育程度：明治小學校六年（大同國小）、台中高女（台中女中）四月入
　　學八月台灣光復

七、受訪日期：民國 98 年 10 月 21 日

八、受訪時間：下午 4 時 0 分起至 5 時 45 分結束

九、受訪地點：受訪者自宅（台中）

十、訪談人：王森田

【耆老訪談表】

編號：14

一、受訪者姓名：江重藩（江村重藩：えむらしげもり）

二、性別：男

三、出生日期：民國 17 年 7 月 10 日（昭和 3 年）

四、出生地：台中

五、教育程度：明治小學校六年、台中二中四年（本來是五年制，由於戰爭
　　爆發，四年級生和五四年級生一起畢業，昭和 20 年 4 月畢業，8 月台灣
　　光復。台北一中、台中二中、台南二中都是日本人專門學校，三所學校的
　　帽花是一樣的。）

六、職業：台中二中畢業後，於陸軍倉庫工作數個月即台灣光復

七、受訪日期：民國 98 年 10 月 21 日

八、受訪時間：下午 4 時 0 分起至 5 時 45 分結束

九、受訪地點：受訪者自宅（台中）

十、訪談人：王森田

【耆老訪談表】

編號：15

一、受訪者姓名：林瑞璧

二、性別：女

三、出生日期：民國 17 年（昭和 3 年）

四、出生地：豐原市

五、教育程度：豐原女子公學校 2 年、瑞穗女子公學校 4 年、彰化高等女子
　　學校

六、職業：臺中師範學校受訓三個月，由政府分發至潭子公學校教書

七、受訪日期：民國 98 年 10 月 21 日

八、受訪時間：98 年 11 月 21 日晚 7 時 0 分至 8 時 15 分

九、受訪地點：受訪者自宅（豐原）

十、訪談人：王森田

附件二　音標對照表

音標類別 拼音字母	五十音	臺　羅	國際音標
常音聲母	パ、ピ、プ、ペ、ポ	p	b
	マ、ミ、ム、メ、モ	b（m）	m
	タ、チ、ッ、テ、ト	t	t
	ナ、二、ヌ、ネ、ノ	l（n）	n
	サ、シ、ス、セ、ソ	c	tɕ
	サ、シ、ス、セ、ソ	s	s
	ザ、ジ、ズ、ゼ、ゾ	j	dz
	カ、キ、ク、ヶ、コ	k	k
	ガ、ギ、グ、ゲ、ゴ	g	g
	ハ、ヒ、フ、ヘ、ホ	h	x
	零聲母（無）	ø	ø
有氣音聲母	パ・、ピ・、プ・、ペ・、ポ・	ph	p'
	タ・、チ・、ッ・、テ・、ト・	th	t'
	サ・、シ・、ス・、セ・、ソ・	ch	ts'
	カ・、キ・、ク・、ヶ・、コ・	kh	k'
元音	イ	i	i
	エ	e	ε
	ア	a	A
	フ	o	o

韻尾輔音	オ	oo	ɔ
	ウ	u	u
	プ	p	p
	ツ	t	t
	ク	k	k
	ʳ、ˋ等調符代表	（a）h 喉塞音	aʔ
	ム	m	m
	ヌ	n	n
	ン	ng	ŋ
	๖、๖等鼻音調符代表	（e）nn	ẽ

附件三　聲調符號對照表

	常　音			鼻　音		
	日本語	羅馬拼音	國際音標	日本語	羅馬拼音	國際音標
1	無	無	˥	（符號）	a^n	˥
2	（符號）	tú	˩	（符號）	$á^n$	˩
3	（符號）	tù	˩	（符號）	$à^n$	˩
4	（符號）	tuh	˩	（符號）	無	˩
5	（符號）	tû	˦	（符號）	$â^n$	˦
7	（符號）	tū	˧	（符號）	$ā^n$	˧
8	（符號）	tú	˦	（符號）	無	˦

－313－